お金が教えてくれること

マイクロ起業で自由に生きる

家入一真

お金の話しをする前に。

今、僕はお金がありません

なぜ今、お金の本を出そうと思ったのか、まずはそこから説明したいと思う。

「家入一真《いえいりかずま》」と言うと世間一般には、何やら変わったウェブサービスや会社を次々と立ち上げて、たまに炎上騒ぎを起こす人、でも何だかんだ言ってＩＴで上場して、成功した経営者でお金があるから、損得関係なく自由にやれているのだろう、と思っている人もいるだろう。口癖のように「お金がない」と言っているけど、そんなの冗談だと。

残念ながらお金がないことは事実だ（笑）。

２００３年、24歳で起業したpaperboy&co.（以下ペパボ）では、僕は代表取締役社長としてそれなりに高額な給与を受け取り、順風満帆の毎日を過ごしていた。起業以前、サラリーマン時代に18万程度の稼ぎしかなかった若者が、個人で始めたレンタルサーバ「ロリポップ！」が大ヒットして、数年の間に社員１５０名規模の社長になったのだ。ペパボはその後東京へ本社を移し、株をバイアウトしてＧＭＯインターネットのグループ会社となった。２００８年には念願のジャスダック上場を果たす。この時僕は29歳、最年少での上場だった。この時のことは『新装版　こんな僕でも社長になれた』（イースト・プレス）に詳しい。

長年の夢が叶って新しいことにチャレンジしたくなった僕は、ペパボの第一線から退くことを決めた。株を手放して十数億の大金を手にし、それを元手にカフェ業を営むpartycompany Inc.（以下パーティカンパニー）を２００８年に立ち上げ、次々と店舗を増やしていった。ＩＴと比べて飲食は何をするにも元手がかかったが、貯金があると思ってたいして気に留めなかった。

店舗買収も含めて創業から1年間で8店舗まで増やした時、会社は、そして僕の資産は、既にボロボロの状態になっていた。

そして２０１０年、地獄のような日々が始まった。あらゆる支払いが遅れ、スタッフを解雇し、資金繰りをし、業務を整理しなければならなくなった。個人資産を注ぎ込んでいたことが、僕個人にとって大きなダメージだった。

こうなってしまった原因はもちろん僕自身にある。月並みな言い方だが、お金の持つ魔力に負けてしまったのだ。お金を手にしたことで僕の中にあるコンプレックスが暴走したのだ。

僕の持つコンプレックス。それは書ききれないほどあるが、大部分を占めているのが「家が貧乏だったこと」だ。ボロボロとこぼれ落ちてくる土壁。シロアリに中身を食い尽くされて、叩くとスカンスカンと音が響く大黒柱。僕はこういったプレハブ小屋みたいな家で育った。決して裕福ではなかったけれど、両親の工夫であまり貧しさを感じることはなかったように記憶している。

捨てられた自転車も、拾って来て自分たちで色を塗ればシルバーのかっこいい自転車になる。洗濯機だって、テレビだって拾って来て修理する。押し入れを改造すれば子供部屋になる。月に一度はリンガーハットで家族で外食。お子様セットにはささやかだけど小さなおもちゃだって付いてくる。遊びだって工夫次第で何でもおもちゃになる。母親の化粧品が入ってた箱とビー玉で作る迷路ゲーム。チラシの裏を使って作るすごろく。工夫次第で何でもできた。貧乏でも不幸ではなかった。少なくとも僕ら3人兄弟は。

両親は共働きで、朝から晩まで働き通しだった。特に父親は日中の配送の仕事を終え、1度家に帰って来て晩ご飯をかき込んでから、工場の夜勤に行く毎日だった。朝方トイレで目が覚めると、いつの間にか帰って来た父親がちゃぶ台に向かって伝票整理をしていた。「この人はいつ寝てるんだろう」と不思議に思ったものだった。

これといった趣味もない父親は、友達付き合いなども少なく、基本的に休みは家にいた（というか休みなんてのもほとんどなかったようだけど）。働けど働けど楽にはならない暮らし。

駅前の新築マンションをいきなり購入したのは、僕が高校を登校拒否している頃だった気がする。なぜ急に思い立ち購入したのかはわからないけれど、父親なりにいろんな想いがあったんだと思う。ローンを返すためにさらに仕事を入れる両親。

慢性的な寝不足が続いた父親は、ある日、配達中に事故を起こしてしまう。半身不随の事故。発覚する借金。我が家はローンを返済するために、また他から借りてくるという自転車操業状態だった。

父親の入院中に母親が資金繰りに奔走していたが、ある日ぷつんと糸が切れてしまった。離婚。自己破産。ボロボロといろんなものが崩れていった。手のひらからたくさんのものがこぼれていった。

お金がなくなったからこそ、できたこと

今でも、当時の記憶は色褪《いろあ》せずに残っている。

あの時、僕の家にお金があったなら。

お金を使うたびにあの頃の自分が満たされるような気がして、お金を使うたびに周りが「お金持ち」として認めてくれるような気がして、僕はひたすらお金を使って、使って、使い尽くした。

お金がなくなって環境がガラリと変わり、改めて自分に何ができるのかを考えるようになった。やはり僕にはITだと思い、とことん考えた。

都内のルノアールを点々として、同じ服を着たまま、インターネットにかじりついて、ひたすらキーを叩いた。

そうして2011年に株式会社ハイパーインターネッツを立ち上げ、クラウドファンディング・プラットフォームCAMPFIRE（キャンプファイヤー）をリリース。CAMPFIREは順調に成長し、今や業界最大手と言われている。共同代表の石田光平くんとの出会いがなければこの機会には恵まれなかったし、お金で浮かれていた頃の僕だったら、真剣にビジネスと向き合えず形にできなかったかもしれない。

今はLiverty（リバティ）というモノづくりチームを立ち上げて、雇用関係に縛られない新しい働き方や組織の仕組みを模索中だ。2012年末にはBASE（ベイス）という30秒で誰でもネットショップが始められるスマートECも立ち上がり、オープンから1カ月で1万軒と、順調な滑り出しを見せている。

ちなみに社員が頑張ってくれたおかげでパーティカンパニーはつぶれずに済み、店舗規模を縮小したものの僕の手元に残った。一時のジェットコースターのような勢いは消えたが、残った店舗は好調な利益を出し、落ち着いて営業を続けている。

結果的に僕の元には上場後のような大金はなくなったが、周りに必要最低限のものだけが残った。

だから僕がお金がないというのは、ほんとうの話。これはそんな僕の経験を通じてみんなに伝えたいお金の本だ。

あくまで家入一真という人間が見た、ありのままのお金のいろいろを話しているに過ぎない。一般向けのハウツー本ではない。

失敗談や、僕の子供の頃の話などを踏まえて、「お金」というものから学んだことをたくさん書いてみた。お金はあなたにとってどんなものなのか。お金は一体何を与えてくれるのか。お金は何を奪ってしまうのか。お金とどう付き合えばいいのか。まだまだ僕も勉強中の身だけど、一緒に勉強する気持ちで、読み進めながらお金について考えてみてほしい。

お金が教えてくれること　目次

01 お金との付き合い方
お金に「思考」を奪われない

02

キャリアの借金

お金の使い方

03
最大のリスクは「何もしない」こと
給料に依存しない働き方

04 小さく始めて小さく稼ぐマイクロ起業

お金の稼ぎ方

05 ストーリーを売る

ビジネスの描き方

06 失敗しても、最悪死なない

人生の転がり方

01

お金との付き合い方

お金に「思考」を奪われない

#「いくら稼ぐか」絶対知っておくべき

自分のステータスを知る

人は自分のお金に無防備だ。若い人は特に、キャッシュフローなんて意識しないで感覚的にお金を使っているのではないだろうか。お金のことを人と話すこともほとんどないだろうし、日本にはお金のことを考えるのは卑《いや》しい、かっこ悪い、みたいな固定観念もある。だからこそ、改めて、自分がお金のことをどうとらえているのか意識することが大切。某コマーシャルが言ってるようにお金は大事なもの。よく考えたほうがいい。

そういう僕こそ、ずっと会社を経営していながら自分のことには無頓着で、恥ずかしながら、自分にまつわる個人のお金については、ほとんど考えたことがなかった。でもこの数年で慌ただしく環境が変わって、今はすごく意識するようになった。

お金と向き合うために絶対やっておかなければいけないことは、まず最低限の生活維持コストを知るということ。例えば給料18万円で就職しても、自分の必要なコストがわからないままだと、収入と支出のバランスがおかしいことに気づかない。あれ、生活が結構苦しいぞ、もっと頑張って給料を上げなくちゃ……と、「給料を上げる」ことに重点を持っていってしまう。それだと結局、先が見えない。

高度経済成長期のように、国も会社も同じように伸びていっている時代にはそれでよかったと思う。頑張れば、長年いれば、それなりに給料は上がっていった。でも、残念ながら、経済成長は今後当分見込めないし、年功序列の時代ではなくなった。

僕は日頃、職種を問わず大勢の人から、いろいろなケースの相談を受ける。その時にまず聞くのが、「そもそもあなたは今、どういう状況なんですか」ということ。「お金がなくて困っています、どうしたらいいでしょう」

「まずはあなたの現在の状況を教えてもらえますか?」

「今は一人暮らしです。家賃はいくらで、食費はこれぐらいかかっています」

「じゃあ、実家に引っ越せば家賃はいらなくなるよね。実家に戻れば食費もそんなにかからない。だったら月5万ぐらい稼ぐところから始めてみたらどう?」

そして、一緒にできる仕事を模索していく。月5万だったら、個人が稼ぐにはそんなに難しい金額じゃないからね。


そうやってミニマムの必要金額を考えて、行動を決めていく。

もしも地方出身で、実家に帰るのが難しかったら、シェアハウスという形だってある。都内のシェアハウスの数は年々増えているし、友達と一緒に家賃をシェアするだけでもいい。そんなお金すらない人には、僕が六本木に借りている「リバ邸《てい》」をすすめている。最悪、雨風しのげればいいんだから、一人暮らしにこだわる必要なんてない。


もし実家暮らしでご飯も親が作ってくれるという身分であれば、維持コストは0円でいい。でも、奥さんがいて子供がいるっていう状況であれば、月30万円は欲しい。守らなければいけないものは人によってさまざまだから、「これだけあればいい」と一概には言えない。

月30万円。僕の話になるけど、22歳の時勤めていたデザイン会社をやめて、ペパボの前身となるマダメ企画を立ち上げた時に、自分で設定した金額だった。すでに結婚して、僕には妻と子供がいた。僕は僕の家族を守るために、生活していくために必要な金額を30万円に決めて、この30万円を稼ぐために何をしたらいいかを考え、起業した。

月5万円×6＝30万円という計算方法

最低コストが下がっているならチャンスともいえる。月5万稼ぐことから始めればいいんだから。例えばＰＲの仕事がしたいけど、今は仕事がない。スキルとしてはウェブ製作ができます、っていう人だったら、ウェブの請け負いをしながら営業して、ＰＲの仕事をとってきたり、お金はいらないけど勉強させてくださいって師事《しじ》して、経験を積むことだってできる。

それに収入を得る「手段」もさまざまで、例えば月に30万円必要なのであれば、就職して給与として30万円をもらう、10万円稼げるような仕事を3つ請け負う、5万円の仕事を6つ請け負うなど、いろいろな手法があることがわかる。まず最低ラインを知ることで、とるべきアクションにバリエーションが出てくる。

そうやって考えると、お金に対する不安なんてなくなる。不安というよりワクワクしてくる。「不安だ」だ、「リスクだ」と言うのは、何が本当にリスクなのか、何が本当の不安なのかを見極めずにただ闇雲に言っているだけ。それはもうやめよう。

失敗したって死ぬわけじゃない。「お金がない」という状況に出くわしたら、まずは自分の最低コストを知って、そのお金を稼ぐためにどうするか、どう動くのかをじっくり考えてみる。人に相談するのもいいし、友達がいなければインターネットだってある。

僕に連絡をくれたらいつだって相談に乗る。ただ、そこから先は自分で切り開く道。難しく考えずに、まずは自分のコストを考えてみてほしい。

妄想貧乏に陥らない

01 お金との付き合い方
お金に「思考」を奪われない

「お金がない」ってほとんど口癖

「お金がない」って、誰しも一度や二度は口に出したことがあると思う。

僕の周りでも、みんな「お金がない、お金がない」って言うんだけど、結局、自分にはいくら必要で、いくら足りないのか把握しないまま、ただ「お金がない」って言っている人がたくさんいる。それって闇を闇のままにしちゃうというか、お金がない不安をそのまま不安として抱き続けるだけで、無意味な気がする。

闇だって、よく目をこらして見たらそんなに怖くなかったりするもの。先にも言ったけど、そもそもあなたは自分が今生きていくのに最低限いくら必要で、いくら足りないのかっていうのを把握すればおのずと見えてくる。

プロブロガーのイケダハヤト君は、東京郊外に住んでいて外食もほとんどしないため、生活にかかるコストが少なく、月15万ぐらいの収入があればいいのだと言う。じゃあ15万円を稼ぐためにはどういった仕事をすればいいかというところから始めて、彼はブログの広告収入を得る、という手法を選んだ。1日に記事を数本書いて、広告収入でだいたい月15万円ぐらいになる。この最低ラインをキープできれば、残りの時間は本を執筆する時間や、読書の時間、家族と過ごす時間などに充てることができる。

僕はその話を聞いて、すごくおもしろいなと思った。お金はあればあるほどいいという人が多数だとばかり思っていたから。もっと稼ぎたい。もっといい暮らしがしたい。給与が30万、40万、50万、と上がるにつれて、生活水準も上げたい。でもイケダ君の発想は、まずは最低限、自分が幸せだと思える生活維持コストを知って、そこからどう働くかを逆算するというものだった。

幸せと生活にかかる最小公倍数

これってつまり、幸せと生活にかかるコストの最小公倍数を決める、ということかなと。

生活にかかるコストと、幸せだと思える生活水準を見極めて、それを守るためにどれだけ稼ぐか。その最小公倍数がわからないままがむしゃらに働いても幸せにはなれない。最小公倍数なんかどうでもいいという人が多いけど、そこを考えてから動かないと、路頭に迷ったり、どのぐらい頑張らなければいけないかが見えないまま突っ走ってしまうことになりがちだ。

「お金がない」が口癖の人は、自分がいくら必要なのかわからないまま、ただ口に出して言っているだけだと思う。そういう人は多分、月300万円稼ぐようになっても、「お金がない」って言っているんじゃないかな。

盲目的に年収アップを目指しても、いつまでたっても満足は得られず幸せにはなれないよね。

お金に「思考」を奪われない

不眠不休で働き続けた父親

僕がいちばん不幸だなと思うのは、お金とちゃんと向き合わずに、ただがむしゃらに働くこと。これが高度経済成長の時代だったら、がむしゃらに働けば、収入もステータスも上がって、みんなハッピーだったかもしれない。だけど、今は、そんな時代じゃない。仕事がすべてではないし、お金がすべてでもない。

僕は父親を見てそう思うようになった。まだ子供だった頃は、どのくらい家にお金がないかなんてわかっていなかったけど、僕が20歳くらいの時に父親の借金が発覚して、すべてが変わってしまった。当時、僕は実家を出て福岡の箱崎で住み込みの新聞配達をしながら予備校に通っていた。大学受験が失敗し（というか受験当日寝過ごして）、バツが悪い思いを抱えていた僕は、家族とはやや連絡を取りづらい状況だった。

そんな時に突然、事故は起こった。父親は運送業を営んでいたんだけど、トラックに乗っている最中に事故に遭ったらしくて。見通しのよい一車線で、壁への正面衝突。トラックはぺしゃんこになっていたらしい。そんな状態でも父親は奇跡的に一命をとりとめたけど、荷物を整理した母親が、父親が隠していた借金に気づいたのだった。そこからはジェットコースターみたいにいろんなことが崩れていって、両親は自己破産するために離婚して……。めまぐるしかった。

結局、借金のことは母親も、家族誰一人として知らなかった。僕たちは裕福とは言えないにせよ、普通の幸せな家庭だと思っていた。外からだって、借金なんてない普通の一家に見えていたと思う。でも父親は、貧しいながらも幸せな家庭っていうものを作るために借金に借金を重ねていた。そして、借金を返すために働いて。だから、作られた幸せだったと言えばそうとも言える。

借金も、これまでに何回か事故を起こしていたことが原因だった。それもそのはずで、運送業のほかに別の仕事も掛け持ちして、1日の睡眠は2～3時間しかなかった。

負のループは立ち止まって断ち切る

事故を起こすのも無理はないよね。そうやって事故を起こして、借金をして、そのために時間を削って働いて、また事故を起こす……。すべては家族の幸せのために。でもそれって本当に、幸せと言えるんだろうか。

父親にはすごく感謝してるけど、「おやじの人生って何だろうな」って、今でもたまに思う。20代半ばか後半ぐらいで結婚して子供ができて、そこからずっと30〜40年、そういう仕事の仕方をしてきて、自分の時間が持てていなかったんじゃないかって思う。

父は当時は趣味もまったくないし、友達も全然いなくて。家にいる時はずっと帳簿を見ながら仕事して、それからトラックに乗って、深夜になったら別の仕事で工場へ行く。子供ながらに「いつ寝てるんだろう」って不思議だった。

今振り返ってみると、何かに追われて、追われて続けていたんだなと思う。父親はそういうふうに思ってほしくないかもしれないけどね。それに今はビルの管理人をしながら、たまにテニスなんかもしているみたいで、だいぶ顔つきも変わって幸せそうだから安心してるけど。

時間がないと、何かに追われるばかりで立ち止まって考えることができない。思考停止して、よくないループに入ってしまう。どこかで断ち切らないと、ずっと思考停止のまま、何かに追われるだけの人生になってしまう。じゃあ、どこかで断ち切っていっても、それを考える時間もなくて、もう本当に負のループ。

僕は、そんな働き方はしたくないし、誰にもしてほしくない。まずは一回立ち止まって、どれぐらいの時間が必要で、どれぐらいのお金が必要なのか、それがあったら何ができるのか、根本的に見つめ直す必要があると思う。もしそういう状況になったら、まずはループを断ち切るために、落ち着いて時間を取ってみてほしい。

「あの時、お金があったら」

お金は時間を買える唯一のもの

お金があるということと、お金がないということはどういうことなんだろう。僕は子供の頃、むちゃくちゃ貧乏な家で育ったけど、大人になって起業してからはかなりのお金を手に入れた。そういう立場から見てみると、お金の「ある・ない」の違いって、人生における取り得る選択肢の違いかもしれない、と改めて思う。「何かをやりたい」とか「何かが欲しい」と考えた時に、その取り得る選択肢が違うだけ。

例えば、お金があることで「時間を買える」。

移動する時に「タクシー」という選択肢ができる。お金があった当時は、電車やバスには全然乗らなかった。

電車もバスも安いけど、時間がかかったり、乗り換えをしなくちゃいけなかったり、混雑して立ちっぱなしだったり、安いぶん煩《わずら》わしいことが多い。タクシーなら個室みたいなものだから、合間にパソコンを開いて資料を見たり、同席者がいれば打ち合わせもできる。まぁ最近、Suicaを初めて買った僕だけど。

他に、何か買おうとした時に、金額を考えずに欲しいものを買えるということも大きい。どの製品が安いとか、どのショップが安いとか、欲しいものがあるのに、どこで買うのが安いかを調べるだけで数時間ぐらいあっという間に持っていかれちゃう。でも、お金があればとりあえず価格は気にせずに、スペックの高い最新のマシンを購入できる。時間が節約できて本当に助かる。

オフィスの近くに家を持つというのもそう。渋谷とか恵比寿とか六本木とか、ベッドタウンじゃないような都市部に住まいを持つことができる。そうすると通勤時間が短縮できて、人が集まる場所にもすぐアクセスできるから、自然とコミュニケーションも多くなる。僕も今六本木に住んでるけど、「家入さんちょっとこれから会えませんか?」って言われてすぐに出ていける。これは大きなメリットだなと思う。

デザイナーになりたくてMacを買う時に、「僕はローンが嫌なので2年後にお金を貯めて買います！」と言ってお金を貯めてから2年後に買う人と、ローンで買って2年間Macを使ってガンガンデザインをやってた人がいたとして、2年後にデザイナーとして実績を積んでるのはどっちかっていうと、後者だよね。そういう意味では、僕は借金も「時間を買う」点においては一つの手段で、考えようだなと思う。

ビジネスの話でいえば、企業買収や出資も「時間を買う」ということなんだよね。お金を出すことで、1から起こしたビジネスじゃなくても、他社が行ったプロセスを自分のものにできる。サービスをリリースしました、新しいプロダクトができました、会社を移転しました……。そういう一つ一つの歴史が、経験として手に入る。これはかなり有意義なお金の使い方だなと思う。

「あの時」はもう取り戻せない

もちろん、お金がなくても幸せな生活をして、やりくりすることで時間にゆとりを持って生きている人もたくさんいる。そういう人のことは否定しないし、むしろバランスがよくて素晴らしいことだなと思う。

でも事実、「お金があると時間が買える」ことを僕は身をもって経験した。借金苦だったうちの父親も、あの時お金があったら、もっと時間があったら、あんなふうに事故に遭うこともなかっただろうし、もっと別の父親らしい生き方があったんじゃないかとふと思う。おやじも元々絵を描くのが好きだったしね。

もちろん、今、父は自分の人生を取り戻して幸せに暮らしている。だけど、それを取り戻すのにものすごい時間とお金と苦労を費やした。

だからこの本を読んでいるみんなには「あの時、お金があったら」と、後から後悔してほしくない。なぜって、「あの時」の過ぎ去った時間は、後からいくらお金を払っても買い戻すことはできないのだから。

結局、お金の「あり・なし」は、時間の「あり・なし」につながる。人生を大きく左右するという意味でお金も時間もとても似ているなと思う。

十数億円あっても、お金はなくなる

六本木では「家入バブル」があったらしい（笑）

引きこもりから、史上最年少でジャスダック上場を果たし、株を売却して十数億円を手に入れた連続起業家、というのがおおかたの僕のイメージかもしれない。まあそのとおりで、数年前まで僕は、上場企業paperboy&co.の社長をしていて、高額の月給をもらい、退任して十数億円を手にした。そして、その十数億円をたった2年で使い果たした（笑）。

飲み代がとにかくすごかった。その時、毎月の飲み代が2000万円。今から考えるとすごいよね。その時はもう単純に、毎日毎日経営者の友人をたくさん集めて、女の子を呼んで、高いお酒をガンガン頼んで、音楽をバンバンかけて、毎日がパーティーだった。そんなだから1日の飲み代が平気で100万円を超える。あとで聞いた話だけど、恥ずかしい話、当時「家入バブル」があったらしい。お金がなくなってからはパッタリ行かなくなったんで、あおりをくらって売上が落ちたとか……。笑い話だけどね。

場所は六本木や西麻布。それまで渋谷で働いていた僕には一切縁のなかった場所だった。僕より少し年上世代の堀江貴文さんたちがそこで遊んでいて、一緒に連れて行ってもらったりしたのがきっかけ。こういうふうに遊ぶんだ……と、新しい世界にワクワクした。

当時の僕のカードはAMEX。ゴールド、プラチナの上にブラックという最上級のクラスがあって（正式にはセンチュリオンって言うんだけど）、カードの素材がチタン。金属だからたまに通らない機械もある。それを持っていると、六本木とかでカッコよくて、欲しくてしょうがなかった。やっぱり、コンプレックスまみれの僕はステータスが欲しかったんだよね。当時の限度額は2000万円。たまに使い過ぎて限度額をオーバーしてしまって、カードが切れない時もあった。でも電話したら一発で通っちゃう。バブルな時期だったなと思う。

年会費も高くておよそ40万円ぐらい。でもチタンカードがあればジェット機だって呼べる（呼んだことないけど）。24時間対応のコンシェルジュがいて、深夜でも「今から誕生日の花束持ってきて」と電話したら持ってきてくれたり。高額のサービスは自動的にカードにつくけど、多少のことなら年会費のなかでまかなってくれていた。

消費時代からのパラダイムシフト

海外旅行も、「何日の何時ぐらいにどこどこに着いて、何日ぐらいに帰りたい。ホテルの部屋へ入ったらシャンパン用意しといて」みたいな感じでオーダーすれば、もう全部がーっと勝手に組み立ててくれる。旅行代金は高いけど、とにかく楽だった。最近普通に自分でチケットを取って旅行に行くようになって、旅行会社のサイトを見たら「こんなに安いんだ！」と愕然《がくぜん》とした。

僕はコンプレックスから来る承認欲求というか、認められたい欲というのが本当に大きい。だからそういうわかりやすいカードがあるとすぐ欲しくなっちゃう。カードを持つだけで、こんな扱いを受けるだなんて。もう失効したけどね（笑）。

「家入バブル」がはじけた今、いちばん大変なのは六本木の飲食店なんかじゃなく僕自身なわけで、今は電気、ガス、水道の支払いにも事欠くようなことがある。今、お金はあると言えばあるし、ないと言えばないという状況だ。月初めはあるんだけど、月末にはもうすっからかん。バブルを経て、お金の使い方は本当に変わったなと思う。

お金がなくなってわかったのは、別に毎日カップラーメンでも全然不幸じゃないということ。だって美味しいもん（笑）。最近だと「サイゼリヤ」のドリアとか「すき家」のカレーとか、安くておいしいものにハマってる。

「サイゼリヤのドリアと、なかなか予約が取れない高級フレンチのコース、死ぬ前にどっち食べたい？」って言われたら、正直、甲乙つけがたい。それに気づけたのはすごくよかったなと思う。パラダイムシフトって感じだ。

お金に代わる価値を持つ

お金がないからLivertyが生まれた

ＩＴジャーナリストの佐々木俊尚《としなお》さんにも言われたんだけど、「家入さんの人生って、時代の変化とちょうどリンクしながら金銭の状況が変わっていってすごいね」って。褒《ほ》められているのかよくわからないけど。

Web2.0バブルとかナナロク世代がもてはやされたタイミングで上場していて、リーマンショックや震災を経て「お金だけが幸せじゃないよね」という価値観が生まれ始めた頃に、ちょうどお金がなくなった。つまりＩＴバブルの時にはお金を持っていて、ＩＴバブルがはじけて世間の価値観が変わったと同時にお金を使い果たした。それを「感覚でやっていてすごいね」と言われて。意識してないんだけどね。

今、極貧の僕が言うのもなんだけど、ラッキーだったんだろうなと思う。例えば6、7年前のITバブルの時に、今みたいな状況だったら、もう本当に死にたいと思っていたかもしれない。今の時代だからなくても全然平気だし、むしろないからこその思考になって、戦略が取れているなって思う。Livertyだって、お金がなくならないとやっていなかった。

Livertyは会社じゃなく、それぞれがプロジェクトを提案して、そのプロジェクトを実現するために自分でお金を集めるためのプラットフォームとしての組織。会社として雇用せずに、いろんな新しい仕事を生み出すことができる仕組みだ。今では大学生を中心に100人を超えるメンバーが集まっている。

もし雇用できるような稼ぎがあれば、きっとみんなを雇用して、普通の会社としてスタートしていたと思う。でも、きっとそれだと普通の会社は作れても、つまらないものになってしまっていた気がする。お金がなくなった状況で、「お金じゃない関係性で組織を作れないかな」と考えた結果がLivertyだから。

最近、「人生のすべてに意味があるな」と思っている。親が自己破産して家族がぐちゃぐちゃになった時に、よく自分のなかで考えていたんだけど、「不幸だな」とか「参ったな」というのは、最終的に幸せになるまでの過程でしかなくて「今、上向きに行っている途中なんだ」と思えば、割とどんなつらいことでも乗り切れるなって。

本当につらい時って、これが永久に続くって思いがちなんだけど、そうじゃなくて、来年、あるいは5年後にはいい感じになっているんだろうな、今はその途中経過なんだろうなって思えば耐えられる。お金に困って財布に30円しか入っていなくても別に死ぬわけじゃないし。

動くことで手に入れられる財産

こういうことを言うと「フォロワーや、世間的な評価を得ているからそんなことが言えるんだ」と言われることがある。つまり、お金がなくても、それに代わるだけの価値を僕自身が持っているから、本当の意味でゼロじゃないだろう。お前は有名だからそんなことが言えるんだろう、と。

だけど、僕はフォロワーや世間的な評価を、何もせずに手に入れたわけではない。いろいろ僕が前のめりで活動してきた結果、応援してくれる人たちを見つけてきたし、そうやって評価につなげてきた。これは僕が自分の力で勝ち得た、大切な財産だ。

それに、この財産だって、厳密にはお金じゃないから、何もしなければただの数字にしか過ぎなくて、直接お金を生むことはない。だけど、僕が連絡をして、会って、話をして、そういうアクションを取ることで、お金に変わるきっかけが生まれることがある。

僕と同い年とか僕より年下の経営者で、お金を持っている人なんてごろごろいる。本当に仕事もさまざまで、ゴルフ用品を売ってすごく儲かっているとか、ＦＸ長者とか、ＩＴ企業の経営者だったり、カフェ経営者だったり、いろいろな人がいる。あの頃の僕みたいに毎日パーティーをしたり、すごくかわいい女の子を連れていたり、いい車に乗っていたり。

それを見てたまに「いいなあ」と思うこともあるけど、そういった人たちは六本木界隈《かいわい》ではある程度名前が知られているけど、世間一般からはあまり知られていないことが多い。

自分のほうがフォロワーや、応援してくれている人が多いなって考えると、その人と替わりたいかって言われたら「替わりたくないな」って。

だから、一周回って、今の僕の立場っていうのはすごく楽しい。

評価経済のなかのお金の価値

01 お金との付き合い方
お金に「思考」を奪われない

お金より「ラブ・アンド・ピース」

最近よく言われることだけど、幸せの定義は時代とともに変わってきている。若い子たちは、お金じゃないところに幸せを求め始めている。今までの資本主義のなかでは、その人の評価ってお金を持っているとかそういうのが幸せの象徴だったけど、今の子たちはもう違う。

今、25、26歳の人は、生まれてすぐの1990年にバブルがはじけて、ようやく大人になったら、今度は2001年の同時多発テロ「9・11」があったり、2008年には世界同時不況を引き起こした「リーマンショック」があったり、就職したら今度は2011年に「3・11」。激動の変化のなかで生きてきた。さらに世間は「失われた20年」どころか「失われた30年」、さらには「ゆとり世代」みたいな言葉で、勝手に彼らが生きてきた時代を否定する。若い子たちはそういうなかで、「何だ。お金があっても別に幸せじゃないじゃん」って、気づいてしまった。

彼らにとっての幸せは、例えば社会貢献だったり、自分の家族との時間だったり、自分の時間だったり、そういったものを大事にすること。そういう人が増えている。それが多分イケダハヤト君が言う「生活コストは15万ぐらいでいい」という思想につながっている。「残りの時間は奥さんと散歩していれば幸せなんです、僕は」っていう若い子がいるのは、そういうことだと思う。

だから「お金がない」というのは、僕のような30代以上の世代であればイコール不幸だけど、今これからの時代を生きていく子たちは、必ずしも「お金がないから不幸」とはもう思っていない。

震災あたりから時代が動き始めて、だいぶ変わってきているなと。そのなかで、会社にも属さない、働く場所も自由っていうノマド的な生き方を選ぶ子も出てきている。

シェアハウスがヒッピーのコミューンみたいなものとして、機能し始めている。そこには、資本主義の揺り戻しとしてのヒッピー的なラブ・アンド・ピースみたいなものがあるように思う。お金じゃなくて、ラブ・アンド・ピースこそが大事なんだという子たちが出てきているんじゃないかなって、僕は思う。

お金はあるに越したことないけど、そこを求めてがむしゃらに働くことが幸せではない。むしろ、お金があっても不幸な人もいっぱいいるということに、若い子たちが気づいてしまった。

お金よりフォロワー

「貨幣経済から評価経済へ」って岡田斗司夫《としお》さんが言ったり、内田樹《たつる》さんが「贈与経済」と言っているように、もう貨幣イコール評価じゃないところにきている。

例えば僕だったら、今、収入が途絶えるのとツイッターのフォロワーがゼロになるのとどっちが怖いですかって言われると、圧倒的に後者。もちろん収入がゼロになると困るけど、収入がゼロになっても、僕のことを応援してくれたり、ファンでいてくれる人たちがいれば何とかなるという予感がある。

今は時代が変わってきていて、資産はお金ではなくフォロワーだということもじゅうぶんにある。

このフォロワーは、僕がお金を使いながら前のめりでいろいろやってきた結果、得たものだ。

フォロワーや僕を応援してくれる人たちをお金で買うことはできない。僕には今、たくさんのフォロワーがいて、僕を応援してくれる人がいる。そう考えると、今、貯金はゼロで、月末には携帯電話が止められたり、水道が止められたりするけど、「お金がないことは不幸」だとは決して思わない。

消費時代の終焉

01 お金との付き合い方
お金に「思考」を奪われない

これ以上ものを増やしてもしょうがない

僕が生まれたのが1978年で、ちょうど高度経済成長期が一旦落ち着いた頃。経済は安定して、1980年代はバブル景気の波がやってきた。世間は行け行けドンドンという感じで、物欲をかきたてるコマーシャルがじゃんじゃん流れていた。僕の家は貧乏だったけど、そういう世間の空気は感じていた。

そういう時代で育ったけど、大人になって起業して、見回すと経済は常に停滞していたような気がする。僕は早くからIT業界に身を置いてたので、2000年ぐらいのITバブルと言われた時代もちょっと体験してる。でも、それも今は昔という感じで、ＩＴだから儲かるという図式はもうなくなったように思う。

今は、「これ以上ものを増やしてもしょうがないじゃん」っていう時代だと思う。家電は一通りそろっているし、ちょっとしたものだったら自分で修理できる。ウェブを調べると修理の仕方がたくさん出てくるから、わざわざ高いお金を出して買い換える必要もない。

つまり、お金を追い求めていた時代から、価値観が変わってきてるということ。欲しいものがすぐに手に入る仕組みがあったから、盲目的に、物欲に支配されてきたのかもしれない。例えばクレジットカードって、今お金がなくても欲しいものが手に入るという悪魔の仕組みだよね。

世界で最初にクレジットカードを作ったのはアメリカのダイナーズクラブで、戦後まもなくの１９５０年。日本はそれに遅れて１９６０年に、富士銀行（当時）と日本交通公社（当時）が米ダイナーズクラブの支援を受けてカード会社をスタートした。この魔法の仕組みが生まれて以来、僕たちは財布からカードを1枚取り出すだけで、未来の自分を犠牲にしてきた。

バッグのために、靴のために、今欲しいものを手に入れるために、カードを取り出す。ロングセラーとなっているレイモンド・マンゴーの著書『就職しないで生きるには』（晶文社）でも、クレジットカードとの奮闘が描かれている。この本はアメリカでの初版が1979年。ドロップアウトした著者が、「就職とは何か」、「働くとはどういうことか」を描いたものだけど、このなかでクレジットカードの支払いを次々と渡り歩く姿は切なくもあり滑稽《こっけい》でもあり、今の僕たちにも姿が重なる。

お金は出会いや発見のための道具でしかない

ローンを組んでそれが支払えない、そういう人がたくさんいる。うちの父親もそうだったように、矛盾を抱えながらひたすら働く人がたくさんいる。あるいは働くことすらできなくなって、神経をすり減らしていく人もたくさんいる。僕はそんなのは、お金の奴隷でしかないと思う。お金はもっと違うもの、例えば時間に換えたり、新しい出会いが生まれたり、新しい何かが見つかる、そのための道具の一つに過ぎない。借金をしてもいいけれど、有意義なもののために、無理のないローンを組むべきだ。

今はウェブでさまざまな情報が手に入る時代。高いお金を払わなくても、キーボードを叩くだけで必要な情報は取り出せる。お金がなくても生きていけるかもしれない。もちろん、お金がなくなることはないし、これからも資本主義は変わらず僕たちの前にそびえ立つと思うけど、その網の目をくぐって、新しい価値観が生まれて来ていると僕は思っている。お金に使われてきた時代から、本当の意味でお金を使う時代へ。

かつて大金を手にした僕だけど、そこで得たものや失ったものがいろいろとあって、1周回った今は、お金に対してとてもフラットな感覚を持つようになった。お金がいらないというわけじゃなくて、これからの時代の、お金の本当の使い道を一緒に考えていきたい。

02

キャリアの借金

お金の使い方

今しかない時間を買う

どうしても欲しかったＭａｃ

時間は買えるなら、買ったほうがいい。時間を買うというのはどういうことか。大きい話であれば、孫正義さんや堀江貴文さんがやっているような事業買収がある。これもいわば、時間を買っていることになる。ゼロから事業を立ち上げて、軌道に乗せて、収益を出すまでには時間がかかる。ノウハウはもちろん、市場の開拓から人材育成まで、一つの事業を軌道に乗せるまでには、時間もお金も労力もかかるのだ。そういう意味で、事業買収はすごく効率がいい時間の買い方。

ただ、一般の人がいきなり事業を買うなんてことはできないと思うので、もっと身

02 お金の使い方
キャリアの借金

近な、僕たちができる時間の買い方の話をしたいと思う。

僕が10代後半、20代とずっと考えて、実践していたことがある。僕は当時、デザイナーになりたかった。まだ18歳の学生時代。すごくMacが欲しかった。デザイナーになるためにはMacが必要だと思って、とにかく欲しかった。

当時、Macはまだ高くて、デスクトップマシンが中古でも40、50万円ぐらいだった。『新装版　こんな僕でも社長になれた』（イースト・プレス）でも書いたけど、その時の僕は、高校を1年で中退してひきこもり、住み込みの新聞配達をしながら美術系の大学を目指していた。だから、そんなお金があるわけないし、バイトしてこつこつ貯めて買うことにした。でも月に1万ずつ貯めたとして、「40万円っていつ貯まるんだろう」とふと疑問に思った。仮に頑張って2万円ずつ貯めたとして20カ月。20カ月ってことは1年と半年先まで、「僕はデザイナーになるための準備が何もできない」とハッとした。それってもったいないかと。その1年半の間にMacがあれば、いろいろなことが勉強できるじゃんって。

そこで僕はアコムだかプロミスだか忘れたけど、消費者金融で50万円借りて、その足でそのままMacを買いに行った。それからは毎日Macに向かって、デザインもしたし、プログラミングもしたし、やれることはなんでもやった。まだまだインターネット回線も遅くて、ダイヤルアップでの接続だったけど、いわゆるパソコン通信というやつで、外の世界にも広がりを感じた。あの時の体験が確実に今の僕を作ったと思っている。

そういう、自分のためになる有意義な借金は、どんどんしたらいいと思う。当時の僕はまだ10代で、いきなり消費者金融からお金を借りるなんて、リスクはかなりあったけど、でも結局は正解だったと思っている。もちろん利子を考えれば現金で買うより高い金額になる。だけど、18歳や19歳の1年半って、お金で買えない時間だと僕は思う。その時間を無駄にしたかどうかって、多分それ以降の人生を左右すると思っている、今でも。

もちろん、無駄な借金はしないほうがいい。家なんて、買ったとたんに目減りしていく。例えば新築のマンションなんて、買った瞬間に500万とか、600万は下がる。新築代として何百万円も上乗せされた住宅ローンを35年間も返済し続けるなんて、これはもう馬鹿げたリスクでしかない。

これからの世の中どうなるかわからない。今の収入が続く保証なんてない。家を買うっていうことは、ほとんどの場合、その家とローンに縛られるっていうことになる。僕はこれからも賃貸に住むと思う。ちなみに車は金利1%のオートローンもあるので、それを利用したほうがお得だったりもする。そこはよく自分で調べて、考えたほうがいい。何かを買う、借金をするっていうのはそういうことだと思う。

もちろん、それで最終的に借金まみれになってはダメだけどね。だから有意義な借金って言っているわけなんだけど。有意義な借金は、ある意味投資だよね。

「やりたい」ことは、「今やる」べき

人って時間が無限だと思っていたり、時間に対してあまり何も考えたりしないけど、タイムイズマネーっていうとおり、「時間」ってある意味「お金」。だったら無駄にしないためにどう動くか考えなきゃいけないよね。

例えば「学校を3年我慢してから起業しようと思っています」とか、「今の会社を3年間頑張ってから独立しますとか」って言う人が多いんだけど、その3年間ってす

ごく貴重。

3年間我慢して会社勤めをしてから起業すると自分と、今すぐ起業して、会社経営を経験した3年後の自分。それぞれどうなっているかを考えてみてほしい。スタート地点がそもそも違う。3年間我慢して会社に勤めて、3年後にゼロから始めるのと、今、立ち上げて未熟なりに頑張って3年やり続けた人では、経験値が違う。だったら今すぐやったほうがいいし、そのためにお金を借りたり、出資を受けたりというのは、全然悪いことじゃない。それは3年間という貴重な時間を買うということだ。

今すぐ会社をやめて起業しろって言ってるわけではない。会社に勤めながらも、できることはたくさんある。やろうと思えば、なんだってできるよね。

とにかく何かやりたいことがあるなら借金をしてでもやれっていうのは、そういうこと。自分のために、有意義な借金をしてほしい。

カッコいいお金の使い方

情報をセレクトして使いこなすセンス

その時代ごとに、「何が粋《いき》か」っていう価値観は違う。かつて、高級ブランドの時計をして、外国車に乗って、いい女をはべらして……というのがカッコいいと言われてた時代もあったと思うけど、今はもう違う。

ある経営者が言うには、昔は銀座のクラブにベンツで乗り付けたらキャーキャー言われたのに、今じゃマウンテンバイクでサッと現れて、スポーティな格好で登場したほうが女子のウケがいいらしい。「これどこの自転車ですか?」とか「家から自転車で来たんですか?」とか、めちゃくちゃ反応がいい。経営者なのに自転車っていうギャップもいいんだろう。

今の若い女の子たちの価値観は、もうベンツに乗った経営者に向いていないっていうことだよね。なかにはまだそういう子もいるかもしれないけど、それってもう古いんだと思う。

今、僕たちはもう高価なものには縛られなくなった。かといって安ければ安いほどいい、という極端な話ではなくて、何にお金を使うかがとても重要になった、ということ。さっきの話しでも、ただママチャリに乗ってるだけじゃダメで、きちんと手入れのされた、カッコいい自転車を乗りこなしてるのがいいんだよね。そのセレクトが重要。

そして情報をセレクトして使いこなすことも大事。そのためのツールにお金を使うのは決して無駄じゃない。スマートフォンの普及で、日本では多くの人がインターネットに常時接続できるようになった。もうインターネットは、一部の人たちのものではなくなった。写真共有サービス「Instagram」が世界で爆発的に普及したのだって、日本のユーザーの利用がきっかけだと言われている。

あと、僕は今ほとんどの仕事をMacBook Air一つで済ませてるけど、これ一つでデザインもプログラミングもできてしまう。新しい製品にはそれだけの価値がある。機動力と機能性が手に入れば時間短縮につながるから、買って損はない。

Kindleさえあれば本だってすぐに手に入る。本屋に行って欲しい本を探してもなくて、仕方なく注文して届くのを待って……という時間を短縮できる。ワンクリックで買えて、すぐに手元で読めたら便利だよね。

「もの」より「体験」に使う

洋服だってユニクロでいい。トップス8万、アウター10万円、ボトムス5万円、靴15万円、そんなふうに自分を着飾るためにお金を使うのってどうなんだろう。僕なら自分のためになること、身になることにお金を使いたい。

僕は「体験」を買いたいと思ってる。前に話した、ローンで買ったMacの話もそうだけど、それを起点にして僕の世界が広がるようなもの、そういうものに対してお金を使いたい。

企業への出資だってそう。そういうことのためなら、お金を出すのはいとわない。

以前、トレジャーハンターに出資したことがあった。旧日本軍の財宝を探しに、サイパンに行くというので投資した。その日の活動をメールで送ってくれて「今日は毒の沼にハマりました」とかいうのを東京で受信して楽しめる。その人の体験談がすごくおもしろい。ある時宝の地図を見つけたという現地の人がいるので、ものすごく危険な場所まで何時間もかけて話を聞きに行ったら、「これです」と出された地図が「飛騨《ひだ》高山《たかやま》温泉マップ」だったと……。

「そんな話をされたらお金を出さないわけにいかない！」って勢いで出資したけど、結局その人はサイパンに行く前にハチに刺されて入院。その後音信不通に……。まあ、マンガみたいな話だけど、僕としてはこの話がおもしろいから、これだけで出資した意義があるなと思ってる。酒のツマミにしては若干高いけどね（笑）。

こんなふうに、普段は滅多に会えない人と出会えて、体験を共有できるのも有意義なお金の使い道かなと思ってる。

大きな出資ができない人でも、自分が好きなアーティストなら応援しやすいはず。

僕が立ち上げたCAMPFIREは、プロジェクトに対して少額から支援をすることができる。サクセスするかどうかをハラハラしながら待つのも、アーティストと時間を共有できてファンにはたまらないし、プロジェクトがサクセスすれば支援額に応じたリターンもあって、ゲーム感覚で楽しめる。これも一つの体験だ。

何事も体験に勝るものはないから、まずは自分でやってみること。そして自分でできないことはお金を使って買ってみる。これがある意味贅沢《ぜいたく》で粋な、今のお金の使い方かなと思っている。

不満や愚痴にお金を費やさない

お金の使い方を決めるのは自分

お金は貯めるより有意義に使うほうがいいけど、無駄なお金の使い方もある。はっきり言って「愚痴飲み会」はやめたほうがいい。会社の同僚とか、毎日会うような人と飲みに行くのは本当に無駄だと僕は思う。多いよね、意外にそういう人。せっかく飲みに来てるのに、隣のテーブルから会社の愚痴が延々と聞こえてくるのも気分が悪い。そんなに会社が嫌なら、辞めればいいのに。どうせ明日も同じ会話しているんだろうなって思う。

会社を経営している立場から見ると、そうやって愚痴る人たちの周りにはどんどん

02 お金の使い方 キャリアの借金

愚痴る人が増えていく。ネガティブの連鎖が起こる。愚痴を言っている人たちが1人2人いると、そこからねずみ算式に増えていく。困ったもんだよね。

もしかしたら、会社員として働いている人は、経営者が自分のことなんて見てないと思っているかもしれないけど、みんなが思っている以上に経営者は見ているもの。経営者って何となく「ああ、こいつ、どうせ愚痴ばっかり言ってるんだろうな」ということがわかるものだから。

僕なんかは、社員が元気ないなというのがすぐわかった。顔を見て、「あ、元気なさそう」とか「こいつ辞めるな」とか、わかる。おもしろいもので、経営側だからわかることっていっぱいある。子供を持つ親みたいなもの。

会社に対する不満や愚痴を持っていても何にも解決しない。組織を変えられないなら、自分を変える方が早い。社員から社長に直訴するのって、なかなかできないと思ってるかもしれないけど、意外に社長の身からすると、若手の社員から「社長、話がありまず」と言われるとうれしかったりする。

僕は社員も社長もどっちも経験しているから、どっちの感覚もわかる。僕が福岡の小さなデザイン会社で勤めていた時、やっぱり社長との距離をすごく感じた。もう、恐れ多いというか。まだ若かったし。

僕も社員だった頃は「直接、社長に物言いなんて」と思ってたけど、いざ社長になってみると、社員との距離が寂しい。

だから、仕事のいろんなことは、不満や愚痴にせずに、上司をすっとばしてでもどんどん発言すべき。変えたいことがあれば、問題があれば、改善すべき点があれば、きちんと発信すればいい。飲み会でくだを巻くのは時間も金も無駄。

僕の周りには若い子がたくさんいて、起業の相談を受けたりする。「起業したいんです」って言っているわりにカラオケへ行きまくっているのを見ると、「おいおい、そんな金や時間があるんだったら事業に使えよ」って思うこともある。結局、若い頃ってあんまり考えなさすぎだから、そうやって無駄にお金を使っちゃう。

ギャンブルとかね。パチンコはリターンがあるかもしれないけど、ギャンブルは基本的にはお金と時間をつぎ込む仕組みになってる。

お金のない人って、やっぱりお金の使い道を考えることもできず、思考停止しちゃっている。時間をつぶすためにお金を使っているんだよね。

僕だって無駄な飲み代を使ったこともあった。だけどそれは、お金があった時だったからね。考えた上での無駄金の使い方なのかどうか、っていう点も大きく違うよね。

普段からガチガチで考えているわけじゃないけど、結局、時間もお金もそういうふうに使うべきなのかを自分自身で決めないとね。このお金は家族を養うために必要で、この金額は自分への投資として本を買う、じゃあ残りのこれで事業を立ち上げようとか。

お金の使い方は誰かが考えてくれるものじゃない、自分で考えなきゃ。

高額セミナーで話を聞くより動こう

あと僕が無駄だなあと思うのはセミナー。一般的なところで言わせてもらうと、いわゆる高額なビジネスセミナー。そんな話を聞くなら、自分でやってみたほうがよっぽどいい。往々にして、本に書いてあるような内容しか学べないので、本を買えばいい。本なんて1冊1500円も出せば買える。10冊買っても1万5000円。そこからどれだけの知識を得られるかを考えると、むちゃくちゃ安いよね。

たまに自分の講演でも言うんだけど、「本当に何かやりたいと思っているんだったら、こんな講演聞きに来る前に動き出しましょう」って。セミナーに参加したから、「はい、これで成功」なんていうことにはならない。結局は、自分で考えて、自分で行動を起こすしかない。

あと意味のない大学進学。大学に限らず学校、専門学校もそうで、学ぶべきことがあるならいいけど、高校を卒業して、就職が決まらないから、社会に出るまでの猶予として遊ぶだけに大学へ行っているなら時間の無駄。それを否定するわけじゃないけど、お金がもったいないなと思う。

高額ビジネスセミナーにしても、学ぶべきものがない大学にしても、お金の無駄でもあるし、時間の無駄でもある。そこで知り合った仲間と、いい形でビジネスを作ることがあればいいけどね。僕がやっているLiverty は完全無料だけど、そういう場になっているので興味があればぜひ連絡してほしい。

投資の醍醐味は人と場所

最悪、ゼロになってもいい

現在、僕は40社くらいのさまざまなベンチャー企業に投資をしている。そういった僕の投資の仕方について、分散投資でリスクヘッジしているのかと聞かれる時があるけど、それはない。単純に、目の前の興味あることや人にお金をつぎ込んできたっていうだけ。

なぜ僕は投資をするか。簡単に説明すると、貸付と出資は全くの別ものだ。例えば僕がAさんに100万円出すから会社作りなさい、といった場合、「貸付」として渡すのか、「出資」として渡すのかによって、結果が大きく違ってくる。まず「貸付」

の場合、ビジネスがうまくいかなくても、貸した100万円は毎月分割などの形で利息をのせて返してもらえる。法定利息といってもそんなに大きくないので、僕に戻ってくる金額は100万円とプラス数万程度。大きく化けることはない。

反対に「出資」っていうのは、最悪その会社が倒産した場合、僕が出した100万円はゼロになる。でも成功すれば、会社の資産価値が1億円になることもある。つまり僕は1億円の会社を手にすることになる。ゼロになるリスクを負う分、あがりも大きいのが投資の世界。

僕はいつも出資をする時に、「最悪、ゼロになってもいいよ」という気持ちでお金を出すようにしている。「それだけお前に賭《か》けてるんだよ」っていう気持ちで渡している。ぶっちゃけ、「何をやるか」にはまったく興味ない。人を見て、興味のある人に投資する。「出資は結構です、お金を貸してください」っていう人もいるけど、さっきも言ったように利息は大きくないし、僕は金融の人じゃないから金貸しに興味はない。だったら僕は自分の事業にそのお金を使う。でも、「1000万円出すかわりにあなたの会社の株を10%ください」、というほうが断然いい。「ゼロになる可能性もあるけれども、成功した時は僕は10％もらいます」。その関係がいちばん対等で、ワクワクして、気持ちがいい。

僕の場合「遊び場を作る」という人生を賭けたテーマがあって、ITにおいてもカフェにおいても、全部作ってきたのは「場所」なのだ。ITではウェブサービスっていう人が集まる場所を作ってきたし、リアルのビジネスではカフェっていう実際の場所を作ってきた。今はスタートアップの子たちが集まるための場所や機会を提供している。

場所を作り、その場所から得た刺激や生まれた人のつながりでまた新しい場所を作る。その繰り返しだ。

自分でハンドリングできないものにはお金を使わない

場所を作って、そこでいろいろな人たちが交流して、新しいものが生まれていくっていうことに僕はお金を使っているんだよね。投資といっても投資感覚ではないというか、とりあえず目の前の興味がある分野にどかどかっと使う感じ。不動産とか株とかにはまったく手を出さなかったし、考えもしなかった。今も興味はない。

それでもお金があった頃は、不動産会社から「小さいビルを一つ買って、そこから少しずつ大きくしていきましょう」みたいな営業がしょっちゅう来てた。でも、僕が数百億円持っていればまた違ったかもしれないけど、たかだか十数億円だったから、分散投資しちゃうとそんなにいい土地を買えるわけじゃない。とりあえず金融商品や土地の分散のポートフォリオを作ってもらってチェックしてみたけど、十数億円を3分割とか4分割にしてしまうと、1個あたりが実はそんなに……っていう感じで、実は魅力のあるプランでもなかった。何より「なんだ、土地を買ったところでそんなに上がったり下がったりしないじゃん」ということがわかった。だったらおもしろい人に出したほうが有意義だし、楽しいなと。

一度だけ、プライベートバンクの人に言われて金融商品を買ったことがあるけど、すぐ解約した。利益はすぐ出たけど、つまらない。

02 お金の使い方
キャリアの借金

結局、同じ投資でも、金融商品への投資と、自分や人への投資とは全然違う。もちろん金融商品のほうが安定していて、毎月、毎年、チャリンチャリンと利益が出るのはうれしいけど、何か将来性がないというか、ただお金が増えるだけというのはやっぱりつまらない。

人に投資したほうが断然おもしろい。僕が40社のベンチャーに投資するのは、自分が40社すべてを経営することは無理でも、出資することで間接的にその世界に関わることができるから。出資することで、その业界だったり、その人の人生だったりを垣間見ることができる。これってすごくおもしろいことだなと思う。

あと、事業とか会社に投資しておけば、その会社がつぶれそうになった時に、自分が実際にそこに入って手を動かして頭を使って立て直すこともできる。でも、土地や金融商品は、買ったものが下がっても、自分はどうしようもなくて、売るぐらいしかできない。だから、僕はハンドリングできないものにお金は使いたくない。

結局、刺激に飢えているのかもしれないけどね。本当にいろいろな世界が見たくてしょうがない。その人の描いた夢を一緒に見ることができればハッピーだよね。

貯金はないけど「おもしろい人間」

「これだけ使えた」という変な自信

僕は、お金を一切貯めない。もちろん、家族や会社のことを考えて、僕がいつ死んでもいいような状態は作ってある。極端かもしれないけど、僕は死ぬのも本当に怖くない（とはいえ実際、目の前でナイフを突きつけられたら「本当にいくらでも払うから助けてくれ」って言うかもしれないけど……さ）。

ともかく死んだ時に、僕が死んだから会社がダメになったりとか、僕が死んだから家庭がダメになったりしちゃダメだと思っている。だから、会社は会社で回る仕組みを作って完全に任せる。家庭は家庭で、僕が死んでも当分食っていけるぐらいの貯金

02 お金の使い方
キャリアの借金

はもう渡している。

最低限それだけはしているけど、今まで貯めようと思って貯めたことはない。貯めると澱《よど》むって言うように、ベタな言い方をすると「金は天下の回りもの」だから。

僕の場合、今お金がないことは不安に思っていない。「これだけ使えたんだから、これだけまた入ってくるな」っていう変な自信がある。

お金に対するスケール感っていうのがある。外資系の金融機関で働いている友人に聞いた話で「人生においてあらかじめ使える金額の上限が、人それぞれ決まっている」という。彼は石油の投資部門にいたんだけど、数百億とか数千億単位でお金を動かしている人物だ。取引をするなかには、100万円を超えたタイミングで、もう手が震えて決済できない人もいるらしい。そういう人は、みんな辞めていく。

使える金額の限度、動かすお金の上限って、人によってさまざまなんだよね。

僕の場合よかったのは、会社をやりながら、少しずつビジネスが大きくなっていったので、使う金額もそれに合わせて大きくなっていったこと。そこで慣れていった部分がすごく大きい。

宝くじに当たった人が、その後、人生ズタボロになるみたいな話があるけど、いきなり不慣れな金額がどんと入ってきたら、やっぱり人間おかしくなっちゃうんじゃないかな。お金には徐々に慣れていけば、たいしたことないんだよね。

変な人生がファンを増やしてくれた

話は変わるけど、お金というものは、本当にあっという間になくなる。もう本当にそれは実感した。最初は「十数億なんて大金、すぐにはなくならないだろう」と思っていたから。それなのにあっという間になくなった。

もしかしたら、僕が飲み代ばかりにお金を使ってたと思っている人もいるかもしれないけど、他にもカフェを出したり、あとはスタートアップのベンチャー企業に40社ぐらい出資したり、手広くいろいろやったというのもある。そのなかで、いくつか芽が出そうな会社も出てきたし、今、毎月の収入はカフェ経営から入ってきてる。

まあ、あっという間に十数億円は使い果たしたけど、何より、ＩＴ業界からカフェ業界に行って、そこから投資してまたＩＴ業界に戻ってきたというのが僕にとっては使いがいがあったと思う。

そういう変な人生を送ってきているところで「おもろい人間だな」と評価されて、おもしろい仲間が増えた。そしてその仲間と今、おもしろいビジネスをバンバン立ち上げている。結果としてはそういった人たちが増えたことが大きいと思っている。

03

最大のリスクは「何もしない」こと

給料に依存しない働き方

雇われるリスクを考えてみる

会社が倒産するのは誰のせいか

経営者も人間だ。できれば責任を負いたくない。あらゆるリスクヘッジをして、円滑に経営を進めたいと思っている。さまざまな局面で契約書を結ぶのはそのためだし、何かあった時にトラブルがないように、細心の注意を払っている。

なかでも雇用、人を雇うということは、「会社＝人がいないと始まらない」わけなので、経営を行ううえで非常に大切なことなんだけど、あわせて大きなリスクの一つでもある。その人の生活の一部、人生の一部を担《にな》うわけで、時おりふと、「自分は本当に、その一部を担うことができるのか」と悩み始めると確かにそのとおりで、僕のような経営者は頭を抱えてしまう。

かつて社長をしていた時、何も考えずに10人、20人と毎月のように社員を増やしていったことがあった。そんな時に外からの巻き添えで会社が打撃を受けて、このままだと経営が厳しい、という状況になった。その時脳裏《のうり》をよぎったのが「ああ、みんな家族も子供もいるし、今、ここで会社がつぶれたらみんな路頭《ろとう》に迷うな」ということ。自分が取る選択一つで大勢の社員を路頭に迷わせてしまう。その重責はものすごいものがあって、自分の立場が恐ろしくなった。

僕は今でもいくつかの会社の社長には違いないし、経営者だ。ただ、数々の修羅場をくぐり抜けた今では、雇用について僕なりの見解を持つようになった。非常に無責任な発言になるかもしれないけど、誤解を恐れずにいうと、会社がつぶれて立ちゆかなくなるのは、その人たちの責任も一部あるということだ。

仕事は一人でするものじゃない。社内ではチームで行うことがほとんどだし、外部の人とも連携が必要になる。大きな経営決定は代表である社長が行うけれど、実際の業務としては現場の社員が行動して結果（＝利益）を出していく。その積み重ねが会社と呼ばれる組織の実態だ。

僕が望む組織はフラット。

経営者任せのトップダウンではなく、従業員からのボトムアップともまた違う、対等なパートナーという定義のほうが正しいのかもしれない。

いろんな顔を持って、いろんな仕事をする

最近はよく、昼だけの顔じゃなく、夜の顔や土日の顔などたくさんの顔を作ろうという話をしている。顔を作るというのは、会社からだけ収入を得るんじゃなく、例えば他にブログでアフィリエイトを得るブロガーになったり、ウェブサービスを立ち上げてみたりと、複数の違う収入を得る顔を持ちましょうということ。

僕の下でただ働くだけだと、僕はその人に仕事を与え続けないといけないし、その人は受けるだけになるけれど、その人が個人商店のような状態で別の顔を持っていれば、そこでつながった人とも交流が生まれて、僕としても可能性が広がってゆく。窓口が増えるわけだよね。僕のところだけに縛るつもりもまったくないから、他でも自由に仕事をしてきなさいって言っている。

03 給料に依存しない働き方
最大のリスクは「何もしない」こと

まさか明日、自分の会社がつぶれるなんて思っていないだろうけど、つぶれることだって全然あり得るのが今の世の中。経営者がお金を持ち逃げすることだって、突然リストラされることだって全然あり得る。たった一つの会社に、たった一つの出所のお金に依存しないこと。いろんな顔を持って、いろんな仕事を持つ。僕は一つの事業やプロジェクト、特定の人に依存したくないし、僕の周りにいる子たちも僕に依存してほしくない。依存するのも、されるのも、僕は嫌だから。人は簡単に依存する。依存は思考停止だ。

あと、「給与」と「稼ぎ」の違いを知ることも必要かな。給与は与えられるものだけど、稼ぎは自分から取りに行くもの。僕は周りにいる人に、稼ぐ人になってほしいと思っている。もちろん、安定した収入は人間として生きていくために必要だし、それを給与として与えてもらうのは悪いことじゃないけど、そこに依存して頼り切ってしまうと何かあった時に対応できなくなってしまう。

仕事をしてもしなくても月々30万円がポンポン入ってくるような会社では、甘えも生まれやすいよね。だって成果がでなくても、給料が入るから。

給料0円でも働きたくなる仕事

未来のキャリアにつながるリターン

ダニエル・ピンクが著書『モチベーション3.0』の中で、外発的動機付け、内発的動機付けという言葉を出していて、給与がいいからとか、上司が怖いからとか、賞罰や義務によって働く動機をもたらすのは、外発的動機付けだそうだ。

反対に僕はよく「0円でも働きたくなる仕事」と呼んでるんだけど、好奇心や興味にもとづてい働こう、と思うのが内発的動機付け。「タダでもいいから働きたい」っていう仕事が今後増えてくると思う。でも、そんなことじゃ食べていけないのは当然なので、「そこから先どうするの?」っていうことを考えてみたい。

03 給料に依存しない働き方
最大のリスクは「何もしない」こと

実際、僕のやっているLivertyは、給料を払って働いてもらっているわけではない。新しいビジネスの関係性を目指したものだ。同時に、誰もがビジネスを立ち上げる場として、実験的に行っている。すでに10個以上のプロジェクトが立ち上がり、急成長をとげ、利益を上げているものもある。

いろんなメンバーが集まって、好きに働いている。社会人、学生、フリーター、経営者……。いろんな人材が集まっている。プロジェクト単位で人が所属していて、そのプロジェクトで収益が上がれば、利益なり評価なりを分配しましょうという仕組み。そして利益の一部をLivertyの運営費用にちょうだいね、というスタイル。

つまり、プロジェクトごとに、「じゃあ今回はこのチーム」、「今回はこのチーム」、みたいな感じで流動的に動いている。人は引っ付いたり、離れたりする。だから、このプロジェクトが終わったからいったん抜けますという人も出るし、逆に「これが終わったから、今度こっちを手伝いますよ」という人もいる。

時間的に余裕があれば、複数のプロジェクトにまたがって所属するケースもある。基本的にはフラットで、会社ではない。雇用ではないし、僕も給与などの責任とかは取らない。「僕は無責任なんで」と言ってる。

だから、そのプロジェクトがうまくいかなくて収益が上がらなければ、リターンはない。リターンはないけど、そのプロジェクトをやったことによる評価、この人はこんなプロジェクトを立ち上げましたという事実を、その人の実績として持つことができる。

結局、プロジェクト単体では利益が出なくても、こういったものを作ってきましたということを自分のキャリアにできる。そこで積んだキャリアを別の仕事につなげることもできる。

利益も評価も公平に分配するっていう形で、給料は0円。Livertyでは、僕らはお金でつながっていないので、給与を払う、給料をもらうっていう関係じゃない。これを僕らは海賊スタイルと言っている。

依存しないから自由に働ける

経営者目線で言うと、これからの時代、例えば会社を立ち上げてすぐにGREEと

03 給料に依存しない働き方
最大のリスクは「何もしない」こと

同じような給与を出せるわけがない。むしろ「給料払いませんけどやる気のある人大募集！」という求人も全然あり得ると思う。給与の形じゃなくてプロジェクトの成功によって別の形で利益を受ける。その仕事やチームに魅力があれば、給料以外の価値を感じて人が集まるはず。

実際、僕のアシスタントをしている大川竜弥君も「給料０円」。２０１２年２月に、僕がツイッターで「アシスタント募集します。でも、給与は払いません」と募集したら結構な応募が来て、そのなかの一人だった。

僕と一緒に何かをやることで、給料以外の何かにつながるっていう魅力を感じた子がたくさん応募してきた。それはある意味、お互いメリット・デメリットの関係だと思う。僕は最初から「０円ですけど僕のアンスタントしたくないですか」と言って募集をしているから、「給与を払えない」ということがない。そのかわりに、僕がその子たちに給与以外の何かメリットを与えなさゃいけない。それが僕の考えること。

０円でも働きたくなるような仕事、働きたくなるような環境っていうものを提示することで、つまりモチベーションを与えることで、０円で働きたいっていう人がたくさん現れることがわかった。

それに、０円で働くからこそできる関係性というのもある。それって、お互い依存せずに生きていくっていう一つの形なんじゃないかって思う。

ただ、給料０円の海賊式は、利益や評価が出たらちゃんと分配する。大川君の場合、アシスタント料としては１円も払っていないけど、僕のアシスタントをやることでツイッターなどのＳＮＳで有名になりたいという考えがあった。そして「顔面広告」をやり始めた結果、彼への取材も増えて、テレビにも出るようになった。月に数十万円は稼いでいる。今では僕よりメディアに出ていたりする。

そうやって少しずつ露出が増えて、大川竜弥っていうキャラが立った時に、それ以外の仕事が入ってくる。そこで、僕からの給料は０円だったけど、それ以外の仕事が生まれてくれれば、結果として普通に働くよりはお金を稼ぐことができる。しかも大川君が成功したら、それによって僕も恩恵を受ける。「彼は俺が育てた」なんてどこかで自慢できるし、最悪、僕が大川君のアシスタントすればいいしね（笑）。

一般の会社だとなかなかこうはいかなくて、会社以外で視野を広げることが難しい。だけど、副業もＯＫにして、社員一人一人のキャラが立ってるほうが、僕はおもしろいと思う。副業禁止なんて時代錯誤もいいところだ。

僕の周りにいた人たちが、違う場所でどんどん活躍していくって、とてもいい。

Livertyが今、僕は楽しくてしょうがない。それはお金の関係性じゃないから。たまに若い子たちをごはんに連れていくぐらい。もちろんLivertyだけじゃ食べていけないから、バイトをしてる子もいるけど、ものを作って、サービスを出して、お金が入ってくるようになればバイトだって辞められる。

Livertyでの直接的な収入が出なくても、そこでやったことを実績にして仕事につなげていけば、自由に働くことができるんじゃないかな。それって素晴らしいなって思う。

会社じゃない、組織の可能性

ツイッターでフォローする感じの関係

実際にLivertyではどうやってプロジェクトが立ち上がるかというと、一人が、「こういうことをやりたいんですけど」とプランを出して、そこに「俺、何を手伝う」、「私、何を手伝う」みたいな感じで参加してくる形が多い。ツイッターみたいに、おもしろそうだからフォローする、やっぱりつまらないからフォローを外す、というあの感覚。

そういう関係性で組織に入ったり出たり、複数の組織にまたがったりという所属の仕方。今までの「会社に勤めるなら1社しか所属しちゃダメ」、さらに「副業もダメですよ」なんて常識で働くと、その会社1社に依存せざるを得ない。

そしてプライベートも含めてその会社に全部時間を注いで、揚げ句の果てにリストラという目もあてられない悲惨なパターンもあり得る。だったら、会社じゃなくてもいいけど、いろんな組織にまたがって属するというのは、今の時代、いいことだよね。

Liverty が回っていくようになれば、「別に会社じゃなくていいじゃん」という、会社じゃない組織の在り方というのを提示できるんじゃないかなと信じてやっている。それができればみんなもっと、起業や就活に対する大それたイメージもなくなるのではないかと思っている。

もっと起業とフリーランスの間みたいな感じで、チーム単位でものを作るというのができたらおもしろい。

つまり Liverty はネットワークを中継する役割もある。プロジェクトごとに人と人をつなげる。僕らがやっていくなかで、こういった新しい組織作りのノウハウが少しずつ貯まってきているので、そういったノウハウは惜しみなくどんどん無料でシェアしていくつもりだ。こういう組織体で、こういうやり方でやってますよ、という情報をオープンにしていければいいと思う。
Liverty のような組織が増えていった時に、今度は組織同士で人を紹介し合うことも発生していくだろうから、それがそれぞれの組織にプラスになる。囲い込むなんて発想はもう古い。

企業にとって人材確保は非常に大切だと言われるけど、このやり方だと超ラク。今までは一生懸命人材を探してきた。いい人材を見つけたら即雇用したいから、それなりの実績給や年齢給を考慮して、と、結局人件費がもっとも大きな負担になることもあった。今は探さなくてもどんどん人が集まってくる。

結局 Liverty の利点というのは、僕やトーキョーよるヒルズ編集長をしていた高木新平くんみたいに、ある程度声の大きい人間が中心にいるので、「こういうことをやりたい」と言った時に「手伝います」という声が一気に多くなる。そういう人と仕事ができる機会こそが価値と思ってもらえるから。

そのプロジェクト、その仕事に興味を持って取り組んでくれる人材を確保するのは、企業にとっての生命線でもある。だから企業はみんな社員を囲い込もうとするし、応募するほうも囲い込まれてしまう。僕も経験上それを知っている。履歴書送って、面接して、3次面接までやって、最後に社長面談、みたいなのはもう本当に面倒くさい。時間がもったいない。そんな冗長《じょうちょう》なことをやるから入社しづらいし、退職しづらい仕組みになってしまう。

ツイッターでフォローをしたり、フォローを外したりというぐらいの感じと言ったのは、参加したいと手を挙げる人にとってハードルを下げるという意味もある。ちょっと気楽な感じで応募してみて、やっぱりダメだったら、「僕には無理でした」でいい。それだと僕らも、別に他の人もいるし、他の人と一緒にやるからいいよと気軽に言える。

経営者の立場として僕は、現時点において、従来のやり方で雇用するということに関しては、お互いリスクでしかないと考えるようになっている。

リストラから学んだこと

こう考えるようになったのは、自分の経験に基づいている。僕は22歳の時にマダメ企画（後のペパボ）という会社を立ち上げてから、多い時で150名近くの社員を採用し、雇用してきた。他の会社もその後いくつか起業して、2011年の東日本大震災のあと、飲食の会社が傾いたことがあった。その時に、やむを得ず何人かリストラをしなければならなくなったんだけど、やはりすごく揉《も》めた。「揉める」ということは、実はイーブンな関係じゃなかったんだな、というのを恥ずかしながらそこで初めて実感した。

僕が甘かったんだと思うけど、当時から僕は経営者と社員はイーブンな関係だという意識があった。それこそツイッターのようにくっついたり離れたり、そういう関係性がベストだと思っていた。でも会社組織で正規雇用となると、保証する、保証してもらうという当然の要素が出てくる。

僕は経営者として社員から依存されてたし、逆に依存するような社員を作ってしまっていた。雇用することで、会社に依存してしまうような人たちを増やしてしまっていた。僕も人が欲しくて、「新しいことをするにはまず人材」と思って、とにかくいい人がいれば採用した。履歴書なんか見なかったし、直感でいいなと思う人を雇った。幹部のストップも聞かずに。

結局、いつのまにか人件費が圧迫して、会社が傾いた。あの時の採用はまったくクリエイティブじゃなかった。お金にものを言わせて、物欲を満たした感じ。だから、リストラという状況まで追い込まれた時に、僕も思考停止していたことに気づいたし、もうそういう採用はしたくないと心から思った。苦労をかけた社員にも申し訳ないという想いでいっぱいだ。

この時の経験がLivertyにつながっている。まだ実験の途中だけど、利益をシェアする事例をたくさん作って、新しい働き方を提示できればと思っている。興味があればいつでも連絡してほしい。

「何もしない」はもはやリスクでしかない

経営者は「搾取」するのが当たり前

僕はこれまでにいくつも会社を経営し、そして多くの社員を雇用している。突き詰めると、雇用は結局のところお金でつながった契約。

「給与を払います。給与分働きます。以上」の関係性だと思っている。

双方が「給与払います。給与分働きます。以上」のシンプルな関係性。

経営者の立場からすると、雇用は一種の奴隷契約。「金を払っているんだからあれをしろ、これをしろ」と言うことができてしまう。加えて「利益を出せ」というのも、普通に会社の仕組みとして、利益を出せばその分報酬を上げることもできるから、それはまっとうなことだと思う。

極論を言えば、社員というのは「奴隷のように扱え」、「社畜《しゃちく》のように扱え」、「搾取《さくしゅ》しろ」と考える経営者がいてもおかしくない。当然だよね、雇っているんだから。

当然のように経営者はそういう立場から権利を行使してくる。自分が経営者だと思って考えてみるとわかりやすい。

例えば家政婦さんを雇ったとして、時間給だったら、めいっぱい働いてほしいと思うのは当然。台所の次は風呂場、次はトイレと指示をする。時間のある限り片付けてほしい。ちょっとでも休憩してたばこを吸っているのを見たら、「ちゃんと働いてるんだろうか、こっちはお金を払ってるのに」と思い、怒鳴る。それは雇用している立場として当然の目線なんだよね。

雇う、雇われるっていうことはそういうこと。だから、もしその状況に不満があるなら、文句ばっかりで動かないよりは、さっさと自分で会社を作るか、会社以外のいろいろな顔作って動き出そうよ、ということに尽きる。

ブラック企業で社畜にならない生き方

よくネット上で、「うちの会社はブラックだ」とか「社員を社畜だと思ってる」とかっていう話を見かけるけど、それは実はそのとおりで、各々の利害を考えればそういう思考になるというものなのだ。経営にはリスクがともなうし、何より利益がなければ雇用なんてできない。社員一人一人を痛めつけようなんて思ってはいない。とにかく会社を回すために、経営者は必死なのだ。100%理解しろとは言わないが、目線を変えてみると、わかることがあると思う。

それが不満ならやめればいいだけの話で、いちいちネットに書いたり同僚と飲みに行って文句を言ったりしても、何も変わらない。

時代の特徴かもしれないけど、被害者意識で「何だか搾取されている……」みたいな人たちがまとまりやすい。だから社畜やブラック企業という言葉も流行ったのだろうし、そういった人たち同士で仲よくなったりするのかもしれないけど、そういうところに群れちゃいけない。

自分で何か始めるか、何も文句言わずに契約と割り切って淡々と仕事をするか。文

03 給料に依存しない働き方
最大のリスクは「何もしない」こと

句を言うのは「何もしない」と同じこと。

夢を追いかけたら貧乏になるとか、お金を優先して夢をあきらめるとか、いわゆるトレードオフ的にものを見るのもおすすめしない。夢とお金を同時に手にすることだってできる。「どちらかを優先したらどちらかを損なう」と思って何もしないのは、今すぐ動けない不安を理由に、問題を先延ばしにしているだけ。もちろん両方を同時に失うことだってあるけれど、そのぶん、得たときの喜びは何ものにも代え難いはずだ。

みんなに会社をやめて起業しろって言ってるわけではない。今の場所にとどまるのも選択肢の一つ。そこで、自己実現するか、会社に勤めながらでも、自分のやりたいことはできるよね。愚痴のために、無駄な時間とお金を使うなら、動き始めたほうがいい。

「何もしない」ことは、もはやリスクでしかない。

やりたいことがあるなら、一日でも早くやる。そこが嫌なら、一刻も早くそこから逃げ出す準備をする。何もしないで、愚痴を言い続けたり、何かを期待したり、何かが変わるのを待っているなんて、リスクでしかない。

組織や場を変えられないのなら、自分が変わったほうが手っ取り早い。

仕事をおもしろくするのがクリエイティブ

アイデアは道端に落ちている

仕事はつらいものだとか、会社ってこういうものだとか、嫌なことがあっても我慢しろとか、そういう考え方がいまだに蔓延していて、愕然とする。仕事は本来楽しく、クリエイティブなはずなのに。

クリエイティブというのは別にクリエイターに限ったスキルじゃなくて、総務でも、経理でも、受付でも、カスタマーサポートでも、どんな職種のどんな人でも発動可能なもの。どうしたらおもしろく仕事ができるか、どうしたらお客さんが喜んでくれるかを考えて、よりよくするためのアイデアを出して実践すればいい。例えば人事だっ

03 給料に依存しない働き方
最大のリスクは「何もしない」こと

たらおもしろい人事制度をいれてみるとか、経理だったら効率よく集計が終わる仕組みを考えてみるとか、ちょっとだけ昨日の自分より背伸びしてみる。そういうふうに考えることができれば、誰もがクリエイターだと思う。

アイデア出しの訓練法として僕がおすすめしたいのが、身近にあるものの見せ方を変えるとか、違う使い方を想定してみること。ゼロから1を生み出すことは難しいけれど、すでにあるものに工夫をすることなら想像しやすいはず。

常にその視点で物事を見ていると、普通に散歩しているだけでもアイデアがバンバン落ちていることに気づく。家から近くのパスタ屋へ行く間にも、打ち合わせの間にも、旅行で海外へ行った時だって、目に入ったいろいろなものがアイデアになり得る。そのアイデアを、自分の仕事に結びつけていく。

そういう意味で、僕は「仕事と遊びを分けるな」と言っている。遊びと仕事は別個のものじゃなくて、境目はグラデーション。オンとオフをくっきり分けていて、仕事のことで連絡しても「今日はオフの日だから」と言うような人もいるけど、何か新しいことをするのには向いてないいんじゃないかな。

割り切るとは思考の放棄でもある

僕は今、月に何十人という人と会って、ほとんど毎日新しいプロジェクトの話をしている。「24時間ビジネスのことばっかり考えて、つらくないですか」と聞かれることもあるけど、自分としてはまったくつらくない。それが当たり前だし、趣味だし、常に何か考えて、パズルを解く感覚を楽しんでいる。

僕にも20歳ぐらいの頃、サラリーマン時代があった。ペパボを作る前のことだ。プログラマーとして就職したその時も、言われた仕事はこなしながら、自分の作りたいものを作るように意識していた。

社内の仕事のなかでそれを活かしたこともあれば、課外活動として、Macに向かって創作したこともあった。当時話題になった中国製ロボット「先行者」のポータルサイト先行者.comを作り、サイトが話題になったこともある。

ビジネスという形には結実していないものの、1日ごとに1万PVを数えたため、広告でも貼っておけばそれなりに稼げたかもしれない。

0と1とか、オンとオフとか、仕事と遊びとか、そういう考え方をやめてみるのは大事なことだと思う。それって思考の放棄だと思うから。切り分けるとすごく楽なんだけど、それは「ラク」であって、「楽しい」とはちょっと違う。

ちょっと考え方をひねるだけで、日常に落ちているいろんなことが仕事のヒントにも遊びのヒントにもなる。そのグラデーションには、楽しいことがいっぱい詰まっているはず。

仕事は会社のなかに落ちているわけじゃない

自分を切り売りしながら稼いでみる

今、「社内ニート」と呼ばれる現象が注目されている。最適な雇用者数と実際の常用雇用者数との差から算出される「雇用保蔵」のことだ。会社に行っても仕事がない人材が、全雇用者の8・5％（約450万人）にも上るらしい（内閣府／2012年9月度調査）。

人材が過剰になっても雇用条例によって簡単に解雇できないため、人があぶれてしまっているという。リーマンショックで下請けの中小企業が減ったために、大企業の社員が生産縮小のあおりを食ったことが原因のようだ。かつて「窓際族」と呼ばれた

03 給料に依存しない働き方
最大のリスクは「何もしない」こと

のが中高年層だったのに対し、「社内ニート」には20代の若者も含まれているのが特徴的で、やる気も体力もあるのに、仕事にあぶれて暇を持て余している。

仕事がないのに、どうして会社へ行くのか僕にはまったくわからないが、これこそ給与に依存した結果じゃないかと思っている。自分で稼ぐという意識があれば、会社にいたって仕事が見つけられる。それに、仕事は会社のなかに落ちているものじゃない。自分から外に出て、人に会って、動くことで付いてくる。

見つからなければ転職するもよし、独立するもよし、なんだってできる。机に座ってネットサーフィンをして月に30万円もらって。それって本当に時間の無駄。いくら給与が出たとしたって、大事なものを失っているよね。

僕は自分自身を切り売りする実験をしていて、思いついたら即アウトプットしている。スピード重視で見切り発車で立ち上げてたまにトラブルもあるけれど、月に数十万円なら自分で稼げるなという手応えは感じている。

周りのスタッフも実践するようになって、Liverty で立ち上げた「ぼくのおつかいin 六本木」というプロジェクトは、若いスタッフが2名体制で、1回500円でおつかいをしてくれるというサービス。決められたエリア内だったら8kgまで配達OKで、電話1本でオーダー完了。これで稼いだお金が彼らの生活費になるという仕組み。

スリリングで楽しめる仕事

誰からオーダーが来るかわからない、何を頼まれるかわからない、そんなスリルも味わえる。固定給を得るために机で時間をつぶすだけの生活より、よっぽどスリリングで、よっぽど楽しくお金が稼げる。何より彼らは、結果を自分たちで実感できる。

経営者も、スタッフも、たくさんの顔を持つべきだと僕は思っている。1社に自分の人生のすべての時間を突っ込むことはもはやリスクでしかないんだよ。自分が何をやりたいのか、その形を見極めて仲間を巻き込んで、新しい雇用の形を自分で作っていけばいい。会社を辞めなくても、交渉して給料が下がってもいいかわりに、時間をもらうことも一つの手だし、それは経営者にとってもありがたい提案だしね。

依存関係やルールで縛り付けるよりも、そうやって人が動くことのほうがよっぽど楽しい。

もう一度言うけど、経営者もスタッフも、もっと無責任でいい。そんなことよりもっと自由に、切磋《せっさ》琢磨《たくま》して、ガンガン新しいことをやったらいい。

04

お金の稼ぎ方

小さく始めて小さく稼ぐマイクロ起業

とりあえずやってみる

小さく始めて小さく稼ぐ

会社を作る、つまり法人登記ができる年齢は、取締役の印鑑登録が可能な満15歳から。早ければ高校生から会社が作れる時代。だから、企業は本当にどんどん若くなってきている。僕の見る限りではウェブでの起業が多い。

僕が出資しているタクミ君も現在17歳の高校生経営者だ。出会った時はまだ15歳だった。Teens Opinion（ティーンズオピニオン）という10代のためのネット疑似選挙サイトなどを運営している。

何でウェブかというと、イニシャルコストがかからないから。イニシャルコストと

04 お金の稼ぎ方
小さく始めて小さく稼ぐマイクロ起業

いうのは起業する時にかかる初期費用のこと。実家暮らしだったら、住まいがあって食事もできる。生活に困ることがないから、最悪自分の人件費分ぐらいを労働力として提供すれば、何とか会社として立ち上げることができてしまう。

これが、例えば工場を造って商品を生産したいとなると、莫大なイニシャルがかかってしまうけど、ウェブなら自分1人で立ち上げられる。自分とあと友人1人、2人を巻き込んで何か作るとなると、やっぱりウェブで始めようという人が多い。

ウェブがおもしろいのは、それだけ参入障壁が低いのでライバルがたくさんいるし、同じようなサービスがばんばん出てくるから活気があって、抜いたり抜かれたり日進月歩。なかなか成功が難しいかもしれないけど、当たった時のうれしさは格別だし、可能性がたくさんある。

ありとあらゆるビジネスを考えた時に、効率や参入のしやすさ、あと化けた時の大きさを考えると、ＩＴというのはやっぱりおもしろい。

例えば、一生懸命お金を貯めてカフェを開く。そのカフェを5年後に売却するとしても、大体、飲食店の売却なんて0円で引き取られることがほとんど。売却してもそんなに貯金が貯まるわけでもない。

でもウェブの場合は、たとえ赤字でもユーザーがたくさんいれば、そこに価値を感じて数億円で買ってくれる会社がいたりする。そう考えると、参入もしやすいうえに化けた時も大きい。

「タダ働きだったよね、僕」という気軽さ

僕はカフェも経営しているので、飲食の相談もやってくる。オーナー店長として、自分も厨房に入って働き、自分の好きなカフェを経営しながら生活をしていくというのはあまり無理なくできる。

ただ、自分はなかに入らず、カフェをプロデュースだけして生きていくことを考えると、これはなかなか難しい。店舗を作るためにはイニシャルがかかるから、銀行から借り入れを起こさないといけない。だけど、若くて実績がなければ与信《よしん》がない。与信というのは、融資や信用取引の時に使われる言葉で、その人の返済能力・返済資質・返済担保によって、融資枠が決まるというもの。

ベンチャーでこれから起業する若者だと、そんなに与信はない。そうやって頑張ってお金を用意して始めても、月々入るお金は非常に少ない。そこから減価償却をして、家賃更新費を確保して、スタッフに給料を払って、とやっていると、トントンがいいところだったりする。だから本当に好きじゃないと難しい世界だし、好きだけでも難しい。

その点、やっぱりＩＴはイニシャルが少なく、参入しやすいからどんどん人が増えている。だから僕は、ウェブをやりたいという人には「とりあえずやれ」と言う。最初のイニシャルが少ないということは、撤退しても痛手をそんなに負わないということ。「俺、タダ働きだったな」ぐらいで終わるし、負債を抱えることもない。

起業したあとも、上手くいかなければピボットすればいい。ピボットというのは、あまりうまくいきそうになかったら、もうさっさとその事業をやめて、また別の事業を新しく立ち上げるということ。実際、ピボットを繰り返している子たちもいるし。とりあえず「数を打てば当たる」じゃないけど、そういった精神で機動性の高いサービスをボコボコ作っている子たちが今多い。これからの時代は機転がきく人、小回りのきく人が強いかもしれない。

参入コストが低いということは、何でもとりあえずやってみればいいということにつながる。

それでダメなら、次。走りながら考えて、分かれ道があるならパッと判断して、左とか、右とか、瞬時に判断しながら走っていけることが大切。

スピード感や機動性を考えると、チームが小さいことはいいことだ。身軽でいたほうがいい。

「何もない」は「何でもできる」ってこと

やり始めると自信がついてくる

自分が作ったものに対して対価を払ってくれる人がいることは、大きな自信につながる。ビジネスを始める時に「何かやりたいけど、自分なんて何もできない」と思い込んでいる人って結構多いけど、いきなり大金を稼ぐ必要はなくて、まずは小額の、500円とか1000円を得るところから始めればいい。だって、自分が作ったものに対してお金を払ってもいいと思える人がいるって素晴らしいことだから。

まずはそこから始めてみて、やり始めると自信がどんどんついてくるから、まずは小さなビジネスを立ち上げて、やってみるといい。「何をやっていいかわからない」

とか、「自分に自信がない」とか、「自分に何ができるかわからない」とか思って止まってしまうのがいちばんもったいないよ。

始めることでどんどんストーリーが紡ぎ出されていくので、それが自信になっていくし、後ろ盾にもなるし。

Liverty に急に地方からやってきた20歳の童貞の男の子がいて、ビジネスを始めたいけど何をしたらいいかわからない、と言う。ある時沖縄に遊びに行くというので、僕は試しに宿題を出してみた。「そこでしかできないことをやってこい」、「ビジネスができるまで帰ってくるな」と。すごく悩んでいたけど、自分なりに考えて他のメンバーに相談していた。

彼は「沖縄でしかできないことって何だろう」っていうのを考えて、リストアップしていた。

「沖縄のお土産を代わりに買ってあげるのはどうでしょう」

「でも立て替えるお金がないんじゃない？」

「そうですね……。砂が綺麗だし、砂を詰めてこようかな」

「砂なんていらないよ。それより砂浜に文字を書いてあげるのとかどう?」

仲間の助言もあり、結局、カップルや家族に、真っ白な砂浜にメッセージを書いて、サプライズプレゼントをする「SAND MESSAGE」というビジネスを始めた。

1回300円だけど、自分の頭で考えたアイデアが実際にお金になる。自信にもなるし、メディアでも取り上げられた。ビジネスはこういうことの積み重ねだと思う。小さくてもいいから自信をつけて、どんどんビジネスにつなげていく。一人でも使ってくれる人がいるなら、その後ろに数万人、数十万人の潜在顧客がいるかもしれない。最初の一歩は小さくてもいい。

元手ゼロ、人脈ゼロでもできる

他にもセブ島に行った女子大生に、同じような感じで宿題を出した。そうしたら、セブのお土産を代わりに買ってきて詰め合わせ販売をする、「セブマート」というサービスを始めた。1000円、3000円、5000円と3つぐらい用意してあって、セブ島で買ったいろいろなグッズが詰められたお楽しみ箱が届きますよと。何が入っているかはお楽しみ。このセブマートが大ヒット。あっという間に売り切れた。そして彼女自身もＳＮＳ上で話題になった。

宿題を出した時、その子は「セブ島にはエンジニアの友人がいません、だから何もできません」って言ってたけど、「スカイプもあるし、メールもあるし、何でもできるじゃん」ってけしかけた。実際に、考えればやれるんだよね。

沖縄、セブ島、遠く離れた場所でひとりきりで、元手ゼロ、（リアルの）人脈ゼロでも、ビジネスって成立するんだということ。ゼロの状態って「何もない」けど、裏をかえせば「何でもできる」ってことでもあるからね。

「ホテル王に俺はなる！」と言ったところで、それはちょっと一朝一夕には難しいけど、自分自身をよく観察して、今、自分に何ができるかを知ることがベスト。ホテル王になるには金と人脈が必要だけど、自分から湧き出たビジネスは、自分で考えて動けばいいわけだから。

さっき「（リアルの）人脈ゼロ」という書き方をしたのは、ソーシャルのウェブサービスがたくさん存在してるから。リアルの人脈がゼロでもサービスを立ち上げることはできる。

フォロワーが0人の状態と、100人いる状態の違いは大きい。フォロワーを増やすためにも、ツイッターなりフェイスブックを活用しておくのは悪いことじゃない。いざっていう時に自分を応援してくれるフォロワーがいるのはすごく心強いから。

そのためにも常日頃からツイッターなどで情報発信をすることが大事。

肩書きで人は変わることもある

社長目線で経営を考えると人生が変わる

僕は、いつも「まずは走れ」としか言っていない。

人間は歩く時に「どうやって歩くんだっけ?」って考えない。本能で歩く。それと同じで、やる前にああだこうだ考えなくていいと思っている。極論を言うとマーケティングなんていらないなって。

まず1歩足を踏み出して、そこから徐々に走りながらどっちへ行こうっていうのを考えていけばいい。とりあえず体を前に傾けたら、1歩自然と足が出る。そんな感じ。もう前のめりで進んでいくしかないと思っている。倒れる時は前のめり。

04 お金の稼ぎ方
小さく始めて小さく稼ぐマイクロ起業

起業することは別になんてことはない。会社って箱でしかないんだから、そんなに身構えなくていい。とりあえず会社を作って、その箱の中で何をやるかは後で考えればいい。税金はかかるけど、微々たるものだから。

「みんな起業しろ」と言いたいわけではなくて、今の立場でできることから始めてほしいというだけ。自分を一個の会社と見立てて、動いてみてほしい。

一回社長になって経営者の視点で世界を見たら、仕事も人生も変わるはず。

僕は、ベンチャー企業40社ぐらいに出資してきて思ったのが、肩書きで変わる人もいるということ。それまでずっと普通に就職して働いていたのに、起業して代表取締役社長って肩書きがついたとたんに、めきめき社長っぽくなっていく。

肩書きが人を変える場合もあるから何をやるかは置いといて、まずは、自分の会社を作って、社長の肩書きの名刺を持つってことは全然アリ。起業には、まず理念とか理想とかが必要なんじゃないかとか、社会的意義とか夢とかいろいろなことを考えがちだけど、そんな面倒なことはあとでいい。

あと、リスクとか、やらない理由を考えちゃったりしがちだけど、とりあえず会社作って走り出してみれば、と。

「やりたい」って思っていることがあれば、すぐにでもできる。それって何でもいい。もう、本当に自分の目の前にある問題、例えば「不便だな」って思っているものを「こうしたらもっと使いやすくなるのに」っていうところからサービスを考えてもいいし、ちょっとした問題で困っているっていう友人がいて、その友達を「助けてあげたいな。こういうことをやってみようかな」でもいいし、本当にきっかけなんて自分の周りを見渡してみたらいっぱいある。

自分事にしてみる

やりたいことがあれば走り出せるけど、それすらままならない人もたまにいる。

「起業したいけど、何やっていいかわかりません」という相談もよく受けるけど、漠然としていて結構困ってしまう。そんなの僕だってわからないよ（笑）。

そういう時は「ちょっと周りを見渡してごらんよ」とアドバイスをする。例えば親でもいいし友達でもいいし、自分事でもいいし。特に自分の事だったらいちばんわかりやすいけど。「生きづらいなとか、不便だなとか、参ったなということっていっぱいあると思うから、それを解決するっていうところから入ってみたら?」っていうアドバイスをする。

そうしたら、いくつかアイデアを出してきて、「じゃあ、それ、同じ問題を抱えている人って他にもいそうだよね。だったらビジネスになるんじゃない?」とか。だから、壮大な夢とか本当におもしろいアイデアとかネタより、まずは身の周りの解決すべき問題に目を向けよう、っていうのが僕の思うところ。

みんなビジネスっていうと、「これが儲かる」というのが、起業の原点と思っているかもしれない、もちろんそういうパターンもあるんだろうけど、僕はあんまり発想として好きじゃなくて。金儲けが悪いとかっていう意味じゃなくてね。

僕のビジネスの種は、誰かが困っているからこれを解決したらビジネスになるんじゃないかとか、不便を解決したらビジネスになるんじゃないかっていうのが発想の原点。そしてストーリーが重要。ストーリーというのは「文脈」。何で自分がそれをやる必要があったのかっていうのが大事。なぜなら、そのストーリーに欠けるものは誰がやってもいいってことになるから。誰がやってもいいってことは、わざわざ自分がやらなくてもいいってことだよね。

そこを僕は重要視しているし、そのストーリーが最終的にお客さんにも伝わると思っている。

「やらない理由」を考えない

04 お金の稼ぎ方
小さく始めて小さく稼ぐマイクロ起業

逆境こそアイデアの宝庫

人間って「やれない理由」をいくらでも思いつくもので、自分は開発ができないからとか、地方に住んでるからとか、忙しいからとか、いろいろな理由をつけては、動かない。

そんなこと言ったら何もできないから、やれない理由をむしろ利用してやるぐらいの考えで発想すると、結構アイデアが出てくるもの。プログラミングができないなら、プログラミングをやらなくてもいいような、電話でオーダー取るぐらいのアナログなビジネスでもいいな、とか。忙しいなら、時間がかからなくてできるような小さいビジネスでもいいな、とか。そういう、逆境って呼ばれるような状況を逆に利用すればいい。

この考え方を、タワーレコードの広告の「NO MUSIC, NO LIFE.」というキャッチコピーを作った箭内《やない》道彦さんは「クリエイティブ合気道」と名付けている。逆境（相手の力）が大きければ大きいほど、合気道でクリエイティブに大きくひっくり返すという意味だ。

例えば仕事をする時に、納期が短いとか、予算がないとか、ほかにもデザイン制作の案件が入って忙しいとか、いろんな問題に直面することがある。そういう時に、じゃあ予算がないなら真っ白の紙の隅っこにちょっとだけグラフィックを入れたら逆にカッコいいんじゃないかとか、工夫の仕方を考えるそうだ。

予算がないからダサいのを出すんじゃなくて、予算がないからこそできるかっこいい表現があると。それはすごく納得できるよね。

たくさんの会社経営をしている立場から言うと、予算がないのもまあ面白いかなと思っている。もちろん、予算がないと絶対できないものもあるけど。でも追い込まれた時のパワーってすごくいいんだよね、やっぱり。予算やスケジュールに余裕がないなかでどう作ろうかっていう話だから、ものすごく考える。

「予算がない」ほど、人は頭を使う

不況だなんだって騒がれる時ほど、おもしろい会社が出てくると言われている。バブルで景気がよくて、お金がボンボン飛んでるような毎日だと、頭を使うことなんて忘れちゃう。でも、経済も社会情勢も不安定、という時ほど、人は知恵をしぼって考える。そして発想の転換が起こって、あっと驚くようなサービスが生まれる。ギリギリの状況で生まれたものは強い。

プログラムができないなら、プログラムができる人と組めばいい。そんな知り合いがいないと言うなら、ソーシャルネットワークで人を探せばいい。フォロワーが少ないならフォロワーを増やせばいい。またはフォロワーが多い人とピンポイントで仲よくなってもいい。こんなふうに、選択肢はいくらでも転がっている。

自分がちょっとでも「自分なんて……」とやれない理由を口に出すようになったら、

それをチャンスと考えて、その理由をひっくり返すにはどうしたらいいか考えてみるといい。大きければ大きいほど、ひっくり返った時の効果は大きいはずだ。

革新的な扇風機「GreenFan」を作って一躍有名になった家電ベンチャーのバルミューダは、「GreenFan」を考案した2010年当時、リーマンショックのあおりを受けて経営はどん底だったという。そのため開発資金に必要な初期費用の6000万円を自社から捻出することができず、銀行にも、設定した価格が3万円と高額だったため、「そんな高い扇風機は売れるはずがない」と融資を断られた。

八方塞がりの状況で、代表の寺尾玄さんが考えたのが、モーターを供給してくれる会社に試作品用の資金の融資を依頼することだった。モーターは扇風機のパーツの一つ。世間的に見れば、バルミューダにとっては下請けと言える立場である。おそらく、寺尾さんにはそういった意識はなかったのだろうと思う。ともに同じ製品を作るパートナーとして、戦ってほしかったのだと思う。結果、モーター会社の社長は申し出を受け、試作品が好評だったことで開発資金も融資をしたという。逆境のなかでのひらめきと、熱意の勝利だ。あきらめるのは簡単だったと思う。「お金がないから」はいちばんよくある「やれない理由」だからだ。でも、ないなら作るしかない。

　こんなふうに逆境に追い込まれた時、アドレナリンが分泌されるというか、普段からは考えられないような集中力で、思いもよらない発想が生まれることがある。これは奇跡でもなんでもなくて、日頃の発想の賜物《たまもの》だと僕は思っている。敵に急に襲われた時に、合気道を使えるかどうかは日頃の訓練次第というわけだ。

　何かしたいけど時間がないとか、ビジネスを始めたいけどお金がないとか、サービスを売り込みにいきたいけど人脈がない、という人は、まずゆっくりでいいから、逆境をひっくり返すアイデアを考える練習を始めてみてほしい。そのうちどんな逆境も、景色が変わって見えてくるはずだ。

「新しいアイデア」より「見せ方」を考える

なぜ任天堂Ｗｉｉが売れたか

サービスにしても、ものにしてもゼロから作るのは大変。でも、すでにあるものを見せ方を変えるだけでも新しいことはできる。

アイデアの発想法について話すと、よく「俺はゼロからアイデアを考える」とか、「誰も思いつかないような画期的なアイデアを」と考えがちなんだけど、そんなものこの世の中にほとんど出尽くしている。本当に新しいアイデアなんか、僕はないと思っている。

そんなことで悩むよりは、すでにあるものを組み合わせるっていう発想法があるよ

お金の稼ぎ方

04 小さく始めて小さく稼ぐマイクロ起業

って言いたい。もしくは、既存のものの見せ方を変える。

例えば、僕が最初に立ち上げたレンタルサーバー「ロリポップ！」も、そんな感じだった。当時、レンタルサーバーは、企業向け、プロユース向けっていうものが大半だった。そこに、「女の子も使うでしょ？」ということで、デザインを女の子向けにしてみたら、見事、女の子のお客さんがたくさん入ってきた。

値段を安くしたのもよかった。まわりが数千円という値段設定のなかで、「ロリポップ！」は250円という安価な価格だった。安いほうがおこづかいでも払えるよね、と思ってつけた値段が、レンタルサーバー業界の既存概念を打ち破ることになる。当時業界からは「この金額じゃ上手くいくわけがない」とうわさされていたが、今では個人サーバーの価格は軒並み安くなっている。

任天堂の横井軍平さんもそう。横井さんは任天堂でゲームの開発をして、バーチャルボーイとかゲームボーイを作った人だけど、97年に事故で亡くなってからも、その考え方は「ヨコイズム」として任天堂に大きな影響を与えた。

ゲームキューブが売れなくてどうしようという時に、スペックはまったくそのままで、見せ方だけ変えて販売したのがWii。

Wiiは競合のプレイステーション3やXbox360に比べてスペックは劣っていたけど、広告もうまかったし、リモコンの形状が違っていたり、いろいろと消費者の心を突く要素が多くて大ヒットした。

スペックが高ければそれだけおもしろいゲームが出せるけど、その分価格が高くなってしまう。それならスペックにこだわらず、新しい「遊び方」を提案すればいいんじゃないかという発想。

京都生まれの豆腐屋「男前豆腐店」も、誰も豆腐でやれると思わなかったことをした。「風に吹かれて豆腐屋ジョニー」という商品はサーフボード形の型に豆腐を入れて、味もちょっと違って、トータルデザインが素晴らしい。「豆腐は豆腐」っていう固定観念をクリエイティブにしたところがすごく好きだ。

「自分ならどうするか」を考える

すでにあるものの見せ方を変えるアイデアはどれだけでも出る。身の回りにあるものでいい。それが例えばたまたま豆腐だったりしたのかもしれない。別に何でもいい。「成功のみかん箱」というプロダクトを作っている友人がいる。ただの木箱にみかんのラベルを貼っただけなんだけど、あの上に立って演説したら、本田宗一郎とかになれそうな、孫正義とかになれそうな、ちょっと成功しそうだよねという発想で作ったらしい。

ただの箱なんだけど、そこにラベルを貼っただけで5万。そんなには売れていないみたいだけど（笑）、ちょいちょい問い合わせはあるし、会社の広告効果も大きい。まず作ってみたら、「じゃあ今度は売るよりレンタルしたらいいんじゃないの？」とか、どんどんビジネスアイデアが出てくる。

あと、「ドラゴンクエスト」の宝箱風にドットを描いた段ボールを作っている友達がいる。それもただの段ボールだけど、ドット絵で宝箱風になっていて、あのゲームの宝箱が本当にそこにあるみたいでおもしろい。

もともとあるものの見せ方を変えて、ターゲットを変えて、そのターゲットに刺さるようなデザインで、思いも寄らないものを立ち上げる。まずは身の回りにあることに意識を向けて、自分ならどうするか考えてみる。世間に疑問があれば、どうすればよくなるか考えてみる。そうすることで、きっと新しい何かが生まれるし、ものの見方も変わってくる。

1を100にしてくれるフォロワーを作る

1回会ったら、他人じゃない

経営者にはいろいろなタイプがいる。よく言うことだけど、ゼロを1にする人と、1を100にする人と、100を100のまんま維持する人。誰が偉いとかじゃなく僕はゼロを1にするタイプかな、と思う。お金でも人でもバンバン使って1にする。

そうやって僕が立ち上げた「1」を100にしてくれる人たちも僕の周りにはいっぱいいる。僕の周りをたくさんの人が流れていくなかで、1を100にしてくれた人たちがいる。僕が立ち上げた組織を大きくしていってくれるっていうのはすごくありがたいことだなと思う。

客観的に周りを見渡すと、人が循環している感じ。数カ月単位で周りにいる人たちがまったく違う。

例えば、ウェブサービスだけやっていたペパボの頃は、どうしてもウェブ界隈の人たちとのつながりが多かった。その後、カフェを始めてみたら飲食業界につながって、カフェから今度はカルチャーにつながって、映画作っている人とかミュージシャンとかアーティストとかそういった人たちのつながりが濃くなった。そのタイミングでウェブの人たちが少しずつ離れていった。

その後、CAMPFIREという新しいウェブのサービスを始めたり、Livertyで新しい試みをすると、今度は飲食関係が引いていって、またウェブのつながりが濃くなり始めている。そしてCAMPFIREでカフェの頃仲良くしてた友人がアートプロジェクトを立ち上げてくれたりする。

結局、そうやってどんどん変わっていくんだけど、別にドライなわけじゃない。僕の信条としては、1回会ったらもう他人じゃない、みたいなところがある。

人とのつながりはストックではなくフロー

1回会っているか会っていないかって、すごく大きな違いがあると思っているんだよね。フェイスブックで友達申請が来たら、1回でも会っていたら承認する。正直、「これ、誰だっけ?」みたいな人もいっぱいいるけど、1回会っていると、偶然仕事の現場で出会った時に「あ、どこかで1回会っているんだな」と思える。

例えば僕の講演に来てくれていたとか、その時にちょっと話をしたとか、ちょっとでもあれば「ああ、そういえば」って思い出せるから。1回会っている、会っていないってすごく大きい。

そうやって、僕の周りをどんどん流れていく人たちが、またあるタイミングで昔の人脈が仕事で生きてきたりするので不思議。

人のつながりは、ストックじゃなくてフロー。たまに名刺をストックする人っているけど、僕はある程度貯まったら全部捨てるようにしてる。もし何か縁があったらまた会うし、名刺にとらわれているよりもどんどん新しい人と会ったほうがいい。

人脈をストックするっていう考えじゃなくて、フローでどんどん流していく。そうすると僕を介していつの間にか他人同士がつながったりして、そういうのもとても楽しい。

最近は名刺すら持ち歩かなくなってきた。フェイスブックがあるから、その場で名前を聞いて、申請してもらえれば早いし、あとからその人の経歴やウォールを見ればもっと詳しくわかるから、名刺より何倍も有効だと思ってる。

たまに「紹介したんだから俺を必ず通せ」みたいな人もいるけど、それはちょっと違うかなって。だって自分の持ち物じゃないし、ご自由にどうぞっていう感じ。

じゃんじゃん流して、つながってもらって、いつかまた出会いたい。その時はぜひ、僕の1を100にしてほしい。

05

ビジネスの描き方

ストーリーを売る

ビジネスにもっと自由でアートでいい

自分の価値観を持てるかどうか

自己表現は、アート、歌、造形などいろいろな形を取るけど、突き詰めて言うとものを作り出すということに尽きる。「自分はこういう価値観を持っていて世界を変えたい」という壮大なものもあるけど、「こういうものを作ってみました。皆さん、聞いてください」というシンプルな初期衝動がすべての始まりだと思う。

池に石を投げて波紋が広がっていくのが僕の自己表現のイメージだけど、それってビジネスもまったく一緒だなと思っている。「ここが不便だと思ったのでこういうものを作りました」とか、「こういう、みんなが幸せになれるサービスを作りました」

っていうものを世の中に投げかけて、波紋を起こすという点で。自己表現をするようにビジネスをやればいい。つまり、もっとわがままに自己表現してもいい。ユーザーはそこに惹かれて価値を見いだすんだから。

一般的にビジネスというと堅苦しくて難しいイメージがあるけど、時代は変わって、だいぶ自由になったんじゃないかな。

特にウェブとかITだったら、元手もいらない。だったら、もう超わがままに、自己表現としてビジネスをやればいいと思う。

僕がこれまで個人サービスとして作ってきたものにOREPON（オレポン）とか俺メゾンがある。個人サービス＝俺のサービ人、それで冠に「俺」を付けるのが好きで始めた。

OREPONというのは、自分の時間やスキルを切り売りするプロジェクト。例えば僕と一緒に食事する券とか、大川竜弥くんを8時間拘束する券とか、イケダハヤトくんのブログ運営相談とか。今構想中のオレウエーブは、OKWaveというQ＆Aのサイトのように、僕に1質問・100円でできるサービス。「何でも聞け！　でも、まともに答えるかどうかは知りません」という俺流Q&A。

まさに俺の、俺による、俺のためのビジネス。超わがまま（笑）。

秀逸だったアートイベント「暗闇合コン」

もちろん表現の場所はウェブ以外にもある。数年前に「暗闇合コン」っていうイベントをやったことがある。1カ月間、代官山で自由に使っていい会場を貸してもらえることになったから、期間限定で何をやろうかなって考えた。

1カ月だし、内装をちゃんとするのもバカらしい。内装でお金かけても、1カ月で回収できるわけないしね。だったら、暗闇にすれば内装は気にならないよねっていうところから、「暗闇の中で合コンしたらおもしろくない？」と発展した。前にも書いたけど逆境を利用した。

企画がすぐに決まって、1カ月限定で毎日「暗闇合コン」開催しますって告知して、チケットを販売したら数百枚があっという間に完売。そして、あなたは何月何日の何時、あなたは何月何日の何時に来てくださいってお客さんをシャッフルして、男女4

対4ぐらいで暗闇の中で合コンを開催したんだけど、これがすごい大好評。

「暗闇合コン」っていうとなんか卑《ひ》猥《わい》な感じがするけど、僕の狙いはアートだった。アートっぽい文脈で合コン。暗闇の中で、人は視覚っていうものを奪われた時に、何を頼りに異性を求めるのかがテーマ。

いざ部屋に入ると、モデレーターが「目の前の女の子にサンドイッチを食べさせてみましょう」とか、「飲み物を飲ませてもらいましょう」と指示を出す。それをみんなが指示どおりこなしていく。「ちょっと、輪になってみましょう」、「寝っ転がってみましょう」、「じゃあ、ちょっと恥ずかしい体験を話してみましょう」。

女の子も、顔が見えていないから、結構大胆なことを言う。

そしてイベントの終わりに、「実は、このなかに1人だけ本当に盲目の人がいます」と明かす。日によって男女は違うけど。実際に盲目の人に毎日参加してもらった。「あなたたちがこうやって非日常のなかで楽しんだこの合コンは、彼ら彼女にとっては日常なんですよ」と。

そうすると、合コンという目的で集まった人たちも、ハッとするんだよね。自分が実際に体験すると、よりくっきりと伝わる。

そして「暗闇合コン」のコンセプトのいちばん大事なところは、「最後まで会わない」ということ。合コンなのに、会わない。運営チームのなかで議論が分かれたところだけど、そこは最後まで絶対会わないほうがおもしろいっていうのを僕がゴリ押しした。

会場に入る時も出る時も、男女別に時間をずらして会場の中に誘導して、絶対会わないようにする。その名の通り、会場は本当に真っ暗闇だから、まったく見えない。声だけ。そしてそのあと、会うことはなく別れる。一期一会ってドラマチック。

だから本当の意味合いでの合コンとはちょっと違っていたんだけど、僕はそこを最優先したかった。普通の合コンは巷《ちまた》に溢れているけど、僕はもっと違う、その時だけの体験を提供したかったから。


この「暗闇合コン」はアートイベントという冠があったおかげで、若い女の子がたくさん集まった。なぜ参加したのか聞いてみるとみんな口をそろえて「アートが好きだから」と言う。

つまり「別に自分は合コンとかそんな好きじゃないし、出会いとか求めていないけど、アート好きだからやってきました」という子が多かった。もちろん本当に、純粋にアートイベントとしてチェックしにきた人もいたんだろうけど、多分そのうちの数％は言い訳だと思った。そんなふうに、女の子に対して言い訳を用意してあげられたことも、すごく重要なこと。

このイベントで何が見えたかというと、先入観や固定観念がバーッと覆る瞬間。合コンといえば「カワイイ子がいい」とか「やっぱりイケメンがいい」とか思うよね、男だって女だって。だけど、声だけじゃ、わからない。とても想像力をかきたてられる。僕も、１回だけ参加して、丸の内ＯＬ風の女の子と仲よくなったけど、本当はＯＬかどうかわからない。わからないけど、声の感じが丸の内のＯＬ風（笑）。

そして一度も顔を見ずに、連絡先も交換せずに、さよならした。声の記憶だけで思い出される感覚もまた独特で、僕なりのアートイベントになったと思っている。

わがままな経営者になる

頑固オヤジのラーメン屋的な

経営者はもっとわがままにやればいい。お客さんが言うことそのままを聞くっていうのは思考の放棄でしかなくて、それだけじゃダメだよね。

頑固オヤジのラーメン屋みたいに「客なんか知らねえよ！」ぐらいの気概があっていいと思う。自分が作っているものに自信を持って、そのぐらいの感じでものを作ったらいい。

クレームもちゃんと参考にする必要はあるけど、全部取り入れる必要はない。もっと、自分が本来やりたかったビジネスや表現を、わがままにやればいいんじゃないかなって。

僕の友達で井戸実さんという天才飲食経営者がいて、「ステーキハンバーグ&サラダバー けん」という飲食店を展開している。独自の手法で店舗展開をしていて、郊外のファミレスを買収して、内装をそのままでステーキ屋に変えてしまう。イニシャルはゼロ。内装がそのままだから、ある店ではロイヤルホスト風、ある店では大戸屋風でバラバラだけど、メニューは一緒。普通、飲食店を経営する時って、店舗イメージはすごく大事だから、やっぱり自分のイメージする内装にしたいと思うものだけど、その常識を覆している。これで毎年数百億円稼いでいる。

彼のツイッターがおもしろくて、例えば「肉が硬い!」とクレームが来たら、「アゴを鍛えろ!」と書いてしまう。飲食店の常識からは考えられないような発言で、炎上することもしばしばだけど、「うちの店の値段や味で満足する人間だけが来ればいい」って公言していて、なんだか気持ちがいい。飲食業界の堀江貴文さんみたいな感じというか、飲食業界の異端児だね。

そんな彼だけど、ステーキはすごく安くておいしいし、子供用の食べ放題が無料で、子連れの親はすごく助かっているらしい。そういう、地域に根付いたファンがすごく多い。彼の発言だけがネット上で、一人歩きすることもあるけど一般のお客さんは満足して帰っているからまったく問題ない。

自分のなかの「これだ」を持つ

「客を選ぶ経営者」になるためには自信を持つことと、ストーリーを持つこと。そういう、芯になるものがないとブレてしまうし、せっかくの主張も薄っぺらくなってしまう。

自分のなかに「これだ」、というものがあれば厚みが出るし、お客さんもそんな人間性に惹かれて固定客になってくれることもあるはず。なるほど目的があってそうしているんだな、とわかってもらえたら、それは大きな武器になる。

これは飲食に限ったことじゃなく、あらゆるビジネスで言えること。

せっかく自分がお金を出して立ち上げた事業なんだから、わがままにやったってバチは当たらない。

世の中にあわせたり、他人にあわせたり、お客さんの顔色をうかがって小さくまとまってしまうよりは、自分がやりたいことを思い切りぶつけてしまえばいい。

とはいっても独りよがりにならないように、客観的な目線を持つこともすごく大事だ。落ち度があれば認める必要があるし、誠意を持って対応すべきだけどね。

「儲かりそうだから」ではビジネスにならない

それを「僕がやる」必要

例えば僕が「儲かりそうだから」って、ダイヤモンドのジュエリーの取り扱いを始めても、「え？　何でそんなことやるの？」と思われる。

この「儲かりそうだから」って理由でビジネスを立ち上げることは、僕はすごく薄っぺらいと思っていて、どちらかというと軽蔑している。

でも、やっぱりいるんだよね、そういう人。いかにも儲かってる空気を出しているから、どうしてその事業を始めたのか聞いてみたら、やっぱり「儲かりそうだったから」って。なんてつまらないんだろう。

あと、「おもしろそうだから」も近いかな。僕も基本おもしろいものじゃないとやりたくないけど、漠然《ばくぜん》と「おもしろそうだから」っていうのは、別にその人がやる必要ないと思ってる。

その人がやる必要性が薄いものは、他の人がやってもいいわけだよね。結局、そんなの真似されたら終わり。

例えば僕の家族や友達に足の不自由な人がいたとして、その人に「こんな機能つきの、新しい車椅子があったらいいな」って言われたら、そこにストーリーが生まれていく。

それは僕がやる意味がある。その人のために、僕が動かないといけない。

他にも、僕は左利きなんだけど、もし左利き用のマウスがなかったら、僕が作ったほうが右利きの人が作るよりもストーリーがあるよね。なぜ自分がそれをやる必要があったのか、なぜ自分がそれをやる意味があるのかっていうものを僕は大事にしたい。

そのためにはまず、自分の身の周りにいる誰かのことを考えたり、実際自分が困っている問題を見つめるところから始めること。友達の顔を浮かべて手紙を書くようにビジネスを立ち上げる。そこからストーリーを紡いでいき、点と点をつなげ、ビジネスを広げていく。

学校という可能性

僕は、どのビジネスでも、場所を作ること、クリエイターを支援すること、このふたつをベースに置いている。それは、自分自身の美大予備校に通うも画家になれなかった想いがあるから。

僕にはこのストーリーがあるから、ビジネスを通して、ずっとクリエイターを応援している。画家にはなれなかったけどビジネスを通じてクリエイターを応援することはできる。CAMPFIREもクリエイターがお金を集めることができる仕組みだし、カフェもクリエイターが集まってそこからいろいろなものが生まれる場所。僕はクリエイターを支援するようなビジネスしかやりたくないし、そこにこそ僕がやる意味があると思っている。

05 ビジネスの描き方
ストーリーを売る

まだ構想中だけど、Livertyでは学校を作りたい。従来の高校とか大学とかで学べなかったような、発想のところから一緒に考える授業。ウェブデザインの技術的なことやビジネスだけを教えるのじゃなくて、発想法やモノづくりの考え方から教える。そういう部分を僕は教えたいなと。技術は本やネットを読めば身につくから、そうじゃないものを伝えたい。

あと「同級生」というシステムがすごく重要かなと思っていて、そこに偶然集まって、同じ時期に同じ授業を受けた者同士が、「同級生」という一つのグループになる。きっとその子たちは、卒業してからもつながっていくよね。そういう横のつながりを作れるっていうのが大きいなと思っている。

卒業した子がまたビジネスを作ってくれたら、今度は縦でもつながっていく。そして今度はその子が先生になる。全体的にまだ模索中だけど、形にしたいなと思ってる。

始めようと思ったきっかけは、今「リバ邸」にいる20歳の子に1万円渡して「これで本でも買って勉強しなさい」って言ったら、1週間でものすごく勉強して、グングンできるようになってたこと。びっくりして感動したけど、僕も昔そういえばそうだったなって。でも、僕はもう34歳で、もうあの頃みたいに吸収することはなくなった。そう思ったら、機会を与える側に回ったほうが、その子たちにとってもハッピーだし、最終的に自分にとってもプラスだと思った。早く形にしたい。

ものを売るのではなく、ストーリーを買わせる

05 ビジネスの描き方
ストーリーを売る

なぜクリエイターはＭａｃを使うのか

これだけ社会が情報で溢れていて、安いものがいっぱいあるなかで、人が何を基準に物選びをするかっていうと、その商品の裏にどういうストーリーがあるかとか、そこにどういうコンセプトが込められているかだ。

こういう経営者がこういう想いでやっていますよ、こういうカラーの会社ですよっていうのはストーリーになりやすい。そのストーリーをプロダクトに投下して、「だからこそ使いたい」「高くても使いたい」と思わせたら強い。

そんな商品で思い出すのがアップル社の Macintosh。昔はすごく高かったけど、ク

リエイターはこぞってMacに手を出した。同じことはWindowsでもできるのに、あえてアップルを選んでいた。そんなふうにクリエイティブな気持ちを呼びさますものの正体は、きっとスティーブ・ジョブズ氏という人物とアップルのストーリー。みんながみんなそのことを知っているわけじゃないけど、それを感じずにはいられない魅力があった。

ダニエル・ピンク氏が『ハイ・コンセプト』（三笠書房）という本で、人間の歴史を考えた時に、農業の時代、工業（産業）の時代、そして昨今の情報化社会が来て、その次は何が来るかっていったら、コンセプトの時代だと言っている。

情報の時代では情報が商品であり、価値になるから、論理的に説明できるものが強かったんだけど、そういったものがこの世の中に溢れて、みんな物質にまみれてしまったから、もう新商品がこの世に登場しなくなっている。そんな時代の中で消費者に買ってもらえるような新しい商品を作るには、コンセプトが必要なんだっていう話。

今の時代、一家に1台テレビがあるし、ソファだってあるしテーブルだって冷蔵庫だってある。基本的に生きていくためのものはこの世の中に出尽くしてしまった。

そういった現代の消費者に対して新しい価値観のものを売る時に、コンセプトがしっかりしているかどうかはすごく大事なことだ。すでに僕たちは、それがあるかどうかを、デザインやパッケージから無意識に感じ取っている。

性能や機能はよくて当たり前

ただ性能がよいだけのものはもう売れない。多少性能は落ちても、デザインが優れているとかコンセプトが優れているとか、そういうもののほうがおもしろい。デジタルカメラの画素数だって、「ハイ、何万画素です」って言われても、もうよくわからないよね。ずらりと並んだカメラのなかからどれを選んでも、とりあえずきれいに撮れるのはもうわかっているから。もう、単純に数字とか性能だけじゃない時代。

僕のコンセプトは「人の心をざわざわさせるもの」。これだけものが溢れているなかで、あえて僕が何かをやる必要は特にないわけだから、だったら、僕にしかできないことがやりたい。それによって多くの人の心がざわざわと騒ぐような。それはよくも悪くも、「これは道徳的にどうなの？」っていうものかもしれないし、「こんなのそもそも成り立つのか」っていうものかもしれない。

そういう、多くの人の心をざわざわさせるものを出したいなという想いはすべてにおいて一貫している。

時にはそれが炎上することもあるかもしれないけど、僕は新しいことをやりたいだけなんです、本当に（笑）。

お金だけじゃなく、ファンも集めよう

05 ビジネスの描き方
ストーリーを売る

何かを応援する力って、すごい

お金を集める方法は今や、単にものを売る・買うだけのものではなくなった。僕が立ち上げたCAMPFIREを例にすると、「こういうことをやりたいんです」っていう想いをアピールして、共感してくれる人たちを集めて、その人たちから少しずつお金をたくさん集める。これがクラウドファンディングと呼ばれている仕組み。

お金を出す人たちは資金提供者でありながらファンでもある。つまりお金が実際集まってプロジェクトが立ち上がった時に、ファンがすでにいる状態が出来上がる。プロジェクトが立ち上がって、いざ公開という時に、ゼロからファンを集めていくのと、もうすでに100人、200人の熱狂的なファンがいるのってスタートダッシュが全然違う。

僕と同世代の映画監督、入江悠さんが自費制作で監督をした作品『SRサイタマノラッパー』におもしろい話がある。シリーズ3まで作られている人気作品。お会いして話を聞いたんだけど、なんと映画1本あたり300万円ぐらいで作っているんだそう。そんなに低予算で作ってるんだとびっくりした。さらに、その資金もカンパで集めて、そこから手伝いたいっていう人たちが現れたという。つまりその人たちって、お金も出しているし、撮影も手伝っている。

手弁当で山奥まで収録に行って、交通費もお弁当代も出ないのに、それで満足している。映画に協力していることが彼らを動かしている。それはそこでしか体験できないことだから。応援する力って、ものすごいエネルギーだ。

この動きはCAMPFIREに似て、すごく新しい形だなと思った。ツイッターなりフェイスブックなり、ツールは山のようにあるので、自分がやりたいことを声高に毎日のように叫んで、そこに賛同してくれる人を集めて、いかに巻き込んでいくか、多くの人を動員するか。そういう能力が必要になってきている。

これからの時代、お金さえ払えば何でもものは手に入る時代が終わって、それだけじゃおもしろいものは手に入らない時代がやってきている。どういったものにお金を払うか、何が価値を持つのか、という過渡期だ。僕は、体験や経験にシフトしていくと思ってる。

情熱やストーリーに共感してお金を払う時代

今まで、お金はものとの等価交換だった。MacBookとか、本とか、服とか。これからはものができる過程とか、バックボーンに何があるか。そのストーリーを含めて新しい価値になるのかなって。映画を観るだけじゃなくて、自分も撮影に協力するという体験に対してお金を払っていく。

お金を集める側も、ただ300万円をポンと渡されるよりもずっと気持ちがいい。

それに、これまでは映画が公開してチケットを買うまでファンがお金を支払うことはなかったけど、この方式だとまず初めにファンの人にお金をもらう形になる。従来と順序が変わったという部分も新しい。背筋が伸びるというか、その300万円でしっかりしたものを作るぞという意識になる。

そのためには、人間性もすごく大事。「こういう俺だから手伝ってください」、「こういう俺が作りたいこういうものがあるから、応援してください」っていう土壌を普段から作っておくことは、ファンを集めるために重要なことだ。

CAMPFIREでも、お金が集まるプロジェクトと集まらないプロジェクトがある。集まるプロジェクトは、そのプロジェクトを立ち上げている本人が、ツイッターとかフェイスブックで「こういうプロジェクトをやっているんで、応援よろしくお願いします」と熱っぽく語って力を入れているケース。

反対に集まらないプロジェクトは、とりあえずCAMPFIREに掲載したらお金が集められると思い込んでしまっているケース。掲載した後に、自分たちでなぜこれをやりたいのか自分たちの言葉で語っていくことが大切で、それをちゃんとやっているところはやっぱり集まるし、やっていないと集まらない。当人が熱く語ることで効果が高まるのだ。

世間には「とりあえず作りました」という商品が溢れている。

映画だけじゃなく、なんだってそうだ。出版社が大きければ、大きな代理店が入っていれば、宣伝会社が絡んでいれば、ある程度のものは作れるし、売れる。計算され尽くしているからヒットする。おもしろいかどうかは別としてね。需要を作り出すパワーがある。

その反面、モノづくりがしたくてもお金もコネもない人はたくさんいる。そういう人たちに、この新しいプラットフォームを使って、お金とファンの二つを手に入れてほしいと思っている。

100円マックに文句言うな

物心ついた時から「消費者」

経営者、生産者がお客さんを甘やかしてきた結果、一般の人たちが消費者の視点でしか物事を考えられなくなっているような気がしている。日本では戦後から「お客さまは神様です」という風潮が定着した。本来なら、僕も含めてみんな、消費者でもあるけど、生産者でもあるはずだ。

僕は経営者（＝生産者）だから、商品にかかるコストがわかる。なるほど、と理解して購入できる。でも多くの人は、消費者として考える癖がついちゃっているから、「100円マック」に対してまでもクレームをつける人が現れる始末。100円マックで文句言うなよって思うけど、パテが薄いとか、提供時間が長いとか、とりあえず何か一言言わなきゃ気が済まないみたいだ。

これって少し飛躍しているかもしれないけど、学級崩壊にもつながっていると思っている。今の子供は物心がついた時から、お金を持ってコンビニにお菓子を買いに行って「ありがとうございました」って言われなれてる。

要するに物心ついた時から「消費者」なんだよね。お金を払ってるんだからサービスを受けるのが当然と思っている。この延長線上で、学校とか教育に対しても、「自分たちはお客さんだ」って勘違いしているように思う。

日本のサービスは世界的にも群を抜いて素晴らしい。実際、海外旅行に行くとわかるけど、日本ほどサービスも愛想も設備も治安もいい国はない。僕も、これまでいろんな国に、今では考えられないほどリッチな旅行をしてきたけど、それでも、やっぱり日本がいちばんいいな、と思う。

サービスの質はもちろん高い。では、消費者としてはどうだろう。インドのホテルの格付けサイトがあって、世界中のツーリストがそのサイトを利用している。インドの年間観光客数は630万人くらいで、去年の統計では日本にくる観光客より多い。インドは物価が安いから、ホテルの宿泊費も200円とか300円という超格安で泊まれる。その格付けサイトへの書き込みが非常におもしろくて、世界各国のツーリストは「価格の割にはイケてる」「コストパフォーマンスを考えると、十分満足」という感じ。

実際はその安さだから、それほどホスピタリティはよくない。だって、200円とかの世界だから、誰もそこにホスピタリティを求めていない。

なのに、日本人の書き込みはズレていて「汚くてがっかり」とか「期待はずれ」ばっかり。「いったいどんな期待してたんだよ」と言いたくなるよね。「だったら高級ホテルに泊まれば?」って思う。

お客さまは神さまじゃない

結局、ラクなんだよね、人に文句言っているほうが。生きていく上でラク。それに、何か発言することで「承認欲求」も満たされる。

僕は別にみんながみんなクレーマーだと言っているわけじゃない。でも、少なくとも消費者が言うことがすべて正しいわけじゃないよと言いたい。

僕はカフェの経営をしているからわかるけど、お客さんのご意見はもちろん聞くけど、「あれ食べたい、これ食べたい」なんて言われたことを全部鵜呑《うの》みにはしない。それを全部受け入れていたら「この店、何の店だっけ?」ということになっちゃう。「お客さんは神さまです」、「お客さんの意見を全部取り入れます」で経営をした結果、「何でメニューにパンケーキとすき焼きがあるの?」という、カフェなのに居酒屋みたいな店になってしまう。

その雑多な感じにファンがつけばそれはいいけど、みんな好き勝手言うだけ言って、「何かよくわからない店になっちゃったね」って言って去っていくことがほとんど。

つまりお客さまは神さまなんかじゃないよ、ということ。そして、自分がお客さんになる時には、生産者の目線も忘れないように、広い心で意識を高く持ちたいよね。

06

人生の転がり方

失敗しても、最悪死なない

失敗したら「成長できる」

何も考えるな

せっかく起業したのに、会社がダメになる時もある。みんな、それが怖くて初めの一歩が踏み出せない。でも、会社がつぶれても「死ぬわけじゃないしね」ということに尽きる。

そんなの人生と一緒で、坂本龍馬の言葉を引用すれば「運の悪い人は風呂場の角で頭打って死ぬ人もいる」だろうし、超へビースモーカーでも長寿を全《まっと》うする人もいるし、本当に何があるかわからない。つぶれたらどうしようなんて考えたら何も動けない。

だから、何かを立ち上げる時は何も考えるなって話。みんな、何かやる時に考え過ぎている。僕から見たら、やらなくていい理由、やれない理由を自分で勝手にいっぱい作っているようにしか見えない。「立ち行かなくなったらどうするんですか？」そんなの、やってみないとわからないし、そんなこと言ったら何もできない。「結局、やりたくないだけなんじゃないの？」と感じることがある。

僕が投資している若い子のなかには、何度も失敗している子もいる。会社をつぶしたり。そういう人って、1回ダメなところを知っているから、すごく成長する。よく、日本は失敗や再挑戦を受け入れない社会って言うけど、変わってきているような気がしている。アメリカ式というか。失敗している人はその分経験を積んでいるから、またチャンスをあげたいって思えるような世の中になってきていると思う。だから、別に失敗を恐れる必要はないかなと思う。むしろ、失敗で深みが出るからね、人間。本当に。超イケイケでそれまで登り調子で来ていた人が、失敗で急にがーんと落ちて、「最近、人に会うのがつらいんですよ」とか「落ちてるんですよ」という状態がやってくる。その高低差で、めちゃくちゃ深みが出る。そういう人を見ると、「人間くさくなってきたな」と思ってにやっとしてしまう。僕は、自分自身がそうだったから、すごくよくわかるし、そういう人が大好きだ。

貧乏であれ、若くあれ、無名であれ

若いうちは失敗を知らないから、1回失敗して底辺を見るとそこから強くなる。もちろん失敗して、そこで終わっちゃう人もいるけど、また這《は》い上がってきた人は強いよね。

僕はそもそも人生なんて実験でしかないと思っているから、どんどん実験して失敗すればいいと思っている。失敗は成功の母って言うぐらいだからね。だから、失敗だって次につながるための一つの糧《かて》、そのぐらいに考えておけば、何も怖がらずにやれるんじゃないかな。

僕だってたくさん失敗してきている。でも、失敗とは思っていない。成功するまで諦めなければ失敗じゃない。結果、それが次につながってきているので。当時は「あ

06 人生の転がり方 失敗しても、最悪死なない

あ、まずかったなあ」という思いはもちろんあったけど、そこで一回落ちてまた戻った時に、あの失敗は必然だったなと思えることが多い。負け惜しみじゃなくてね。『ドラゴンボール』の悟空みたいなものかな。ギリギリまで追い込まれて、体力をすり減らして、そこ回復すると前よりも力が増している。そんな感じで、ダメになったら次、ダメになったら次、を繰り返すことで、絶対に以前の自分よりもタフになっている。

自分のなかにまだまだやるぞという気持ちがあれば、どんな経験も明日につながる。もとは毛沢東《もうたくとう》が唱えたと言われる「革命の3原則」っていうのがある。「貧乏であれ」「若くあれ」「無名であれ」。新しいことをする、新しいものを作り出すには貧乏・若い・無名であることがパワーになるんだよね。

気の弱いリーダーですみません

リーダーとは立派であることか……

経営者は立派じゃなくちゃダメという固定観念がある。

「経営者像をぶちこわしてやれ！」とまでは思わないけど、僕の場合、そういう固定観念を疑って、一回取り払ってみると、意外に生きやすくなった。

とは言っても「こうでなきゃ」とか「ああでなきゃ」って、若い頃は考えてしまうものだ。そういう僕も、デール・カーネギーの『人を動かす』（創元社）やドラッカーの『マネジメント』（ダイヤモンド社）とか、いわゆる経営者本とかリーダー本をたくさん読んで、「経営者としてこうでなきゃいけない」、「ああでなきゃいけない」、

06 人生の転がり方
失敗しても、最悪死なない

「リーダーとはこうでなきゃならない」、そういうことばっかり考えて、頭でっかちになってる時期があった。

東京に出てきたばかりの頃かな、周りの社長たちに追いつきたくて。

例えば、社員には役職呼称を徹底させた。ずっとそれまで「家入さん」って呼ばれてたのに、急に「今日からは僕のことは社長って呼ぶようにしてください」。みんなも驚いていたけど「……家入さんが言うなら」って「社長」と呼んでくれるようになった。でも少し経ってみると、やっぱり「社長」ってこそばゆい。

改めて「ごめん、やっぱり社長と呼ぶのをやめてほしい……」と言ったら、「今さらもう戻れませんよ！」と呆れられて。ああ、失敗したなって。

この時の「社長事件」で、会社の雰囲気が少し変わった。会社らしくはなったかもしれないけど、距離感が生まれた。それは少し寂しくもあり、ある点はよかったような気がしている。

距離感は仕事をするにあたってすごく重要で、僕はいつも同じ会社の人間と一緒にはいたくない。家族経営みたいな感じで、飲みに行くのもいつも同じメンバーで、っていうのは嫌だ。悩みは誰にだってさらけ出せるけど、一定の距離感は取っておきたい。いつも同じ人と話しているとマンネリになっちゃうから。

夕食も基本的に社員とはあまり行かない。もちろん、たまに社員とごはんを食べに行くこともあったけど、基本的には外の人と食べるように心がけている。いつも同じメンバーとばかりいるより、どんどん外の人に会って、外の刺激を取り入れていくのが社長の役目だから。

信頼できる味方に任せる

最近は、リーダーだから怒らなきゃいけないって誰が決めたんだろうと思い始めて。僕は僕なりにうまくやってきたよなと。もちろん怒らなきゃいけないような事態には怒らなきゃいけないけど、怒り方もいろいろあるわけで。

「おまえ、何やってんだ」って言って人前でつるし上げる人もいるだろうし、裏で詰めるような人もいるだろうし、いろいろなやり方があるなかで、自分のやり方っていうのを見つければ、すごく楽になる。

僕は大きい声で怒鳴り散らすことはしないし、みんなの前でつるし上げることもしたくない。だから、そういう時はちょっとその人を呼んで、1対1のサシで話す。「これはちょっと違うと思うよ」と、問題点を穏やかに話す。責めるようなことはしない。それでも直らないなら突き放す。もう、何も言うのをやめる。ある意味、冷酷かもしれない。

一体どうして強く怒れないんだろうと考えて、自分なりに出た結論は、これを言うとほとんどの人が笑うんだけど「逆切れされて殴られでもしたらどうしよう」という一点に尽きる。暴力反対（笑）。

あまりにその不安が強過ぎて、一度キックボクシングを習いに行ったこともあったぐらい。最悪、社員を蹴りで詰められるぐらいの体力がついたら、意外にビシバシ怒れるんじゃないかなって。そんな軽い気持ちで習いに行ったけど、ジムがものすごく厳しくて泣きながらやめてしまった。

僕がペパボで社長をしていた時、当初数名程度だった社員は150人くらいまで増えた。こんな気弱な僕がどうやって会社のトップでいられたのかよく聞かれるけど、結構早い段階で、僕が怒らなくても会社が回る仕組みが出来上がっていた。僕は昼ぐらいに来て、社内をウロウロしているおじさんみたいな感じだった。

別にそれを心がけていたわけじゃないけど、ウロウロしてくだらないことをしゃべったり、あとは社長室で僕自身ものを作るので、それをみんなに見せて「どう？　どう？　これ」って見せたり。暇なおじさん状態。

そんな感じだったから、気弱な僕でも会社を回してくることができた。気弱な人は、早めにそういう組織作りをするといいと思う。用心棒みたいなスタッフを雇って、その人に任せちゃう。

僕の場合は、今のペパボ社長のケンタロ（佐藤健太郎）がそういう役割だった。社内のもめ事をササッと成敗してくれたし、イベントを仕切ったりするのも彼は得意だった。今でこそ人と目をあわせて話せるようになった僕だけど、ペパボ在籍当時はそれすらできなかったから、僕のかわりに怒ったり、僕のかわりに盛り上げてくれたりするケンタロにとても助けられていた。

気弱な社長は、まず味方を探すこと。そしてその人を自分の代理のように、信頼して任せる。そうすると多少気が弱くたって、伸び伸びと社長業に専念できるというものだ。

プライドは役に立たない

成功体験を引きずらない

僕は社長として、時には上場企業の社長としてずっと会社をやってきたけれど、変なプライドはまったくない。

僕のこれまでの過去を振り返った時、いくつも会社を持ち、収益を上げ、上場して大金を手にしてきたことで、成功体験がたくさんあるでしょうと言われることがある。だけど、僕は定期的に人脈やいろんなつながりをリセットする。定期的に業界を変えたり、人ともあんまり仲よくなりすぎるといったんゼロにしたりする。そうやってゼロから始めるから、あんまり成功体験に引きずられることはないのかなって思う。

子供が積み木を積み上げては崩し、また積み上げるのと同じだ。

業界を変えるのって、常に他業界から飛び込んできた人間か、業界の常識を無視してぶちこわす人間かの2種類。僕の場合は、全然知らないのに入ってきて、知らないからこそできることを戦略でやっていくのが強みなのかなって思っている。成功体験がないことが強みになるというか。

それに、もともと僕はコンプレックスの塊で、家が貧乏だったとか、若い頃モテなかったとか、体形のことだとかがあって、プライドとか自信は常にない。それは今でもそう。だから成功体験を引きずる以前に、何をやっても「成功した」と思えていない気がする。振り返るとそれなりにおもしろい生き方をしているかなって思うけど、成功かどうかって言われると疑問だよね。

僕はもともと、ずっと画家になりたかった。そのために美大を目指したけど、受験できなくて（というか、受験当日寝坊した）。だからいまだに、会社を経営して経営者という肩書きでいることが不思議だったりする。何か間違った人生を生きている気がしている。

もし僕が芸術家になっていたとしても、食えていたかどうかわからないけど、表現で生きていく道が本当の僕の道だったような気がする時もある。自分が願った道と違った道で成功しても成功と思えない。だからこそ、いつゼロになってもいいって思えるのかな。

僕は画家にはなれなかったけど、それに代わる表現手法として、会社だったりビジネスだったりを作っているっていう感じ。たまに落書きみたいなのは描いてるけどね。

バカにされたら「負けん気」で

初めにレンタルサーバーの「ロリポップ!」を立ち上げた時も、僕は人脈ゼロだったし、立ち上げることに必死だったから、周囲の野次は耳に入ってこなかった。実際は、サーバー業界の同業者からは「あんなのうまくいくはずがない」とかいろいろ言われてたらしいけど、まったく気にならなかった。

そしていつの間にかそんな会社はぜんぶ追い抜いてしまった。気づけば「ロリポッ

06 人生の転がり方
失敗しても、最悪死なない

プ！」は新手のサーバーとして、業界に大きな旗を掲げていた。後追いする会社がたくさん出てきたけど、負けないぞと思って、どんどんサービスを強化するようにした。

そう、プライドというよりも負けん気が強かったと思う。


勝者になると天狗になって、変なプライドもできそうなものだけど、会社のことでいくら自信が持てても、さっきも言ったようにコンプレックスがあるせいで、僕は僕自身のことにずっと自信がないままだ。そういう意味では、おかげで勘違いせずに、いいバランスを持ててるのかもしれない。

あと僕の場合、若くして立ち上げたからプライドもクソもなくて、とにかくがむしゃらにやるしかなかった。

でも、キャリアを積んだ40歳とかで、「今までの経験をもとに起業します！」と力が入ってしまうと、周囲の目が気になって、多少は体裁を気にしちゃうこともあるのかな、とは思う。思い切った行動ができずにジリ貧でつぶれてしまうかもしれない。ある程度の年齢で何か始める時は、自分が思っているよりもしがらみが付きまとっている可能性があるから、意識して取り払うことをおすすめしたい。もちろん本当は、何かを始めるのに年齢なんて関係ないんだけどね。

最近では人脈も増えて、応援してくれる人も増えた反面、新しいことを始めるとバカにされたり、陰口を叩く人がいるのもまた事実。でも、それもまぁ話題になっているんだなと思うし、最初はバカにされるぐらいでちょうどいいと思う。バカにするやつはバカにさせとけ。

僕は形だけのプライドはいらない。過去の栄光にすがるより、バカにされ続けながらでも新しいことをやりたい。コンプレックスを負けん気に変えながら。

借金なんて怖くない

06 人生の転がり方
失敗しても、最悪死なない

小さくたくさん積み上げて、リスク回避する

150人もの社員を抱えていると、普通は資金繰りのことに頭を悩ませるのが社長の仕事になる。かつて僕が社長を務めていたペパボのビジネスモデルは、毎月チャリンチャリンと個人の人たちからお金をもらうというものだった。個人から数百円ずつレンタルサーバー代を頂く。

たった数百円でも10万人からもらえば上がりは大きい。それに、契約期間をあらかじめ用意しているから、ある月、急にガーンと落ち込むということがない。年間契約、月間契約を組むことで、毎月毎月どんどん積み上がって先の見通しが立てやすくなる。

これをストック型という。

基本的に僕の考えるビジネスはそういうものが多い。なぜならそういったお金の取り方がいちばん安定しているし、ブレないから。

これが法人の取引先から大きいお金をもらって回している会社の場合、一社への依存度が高くなるとつらい。取引先がちょっと苦しくなって、先月どおりお支払いできませんということも現実的にある。

多数の個人から少額をもらうビジネスは、突然1000人解約しましたということになってもそれほど痛くない。確かに売り上げは減るけど、分母が大きいから微減で済む。ストック型で毎月積み重なっていくので、社員もそれにあわせて増やせるし、予定が立てやすい。そんなに資金繰りで困ることもない。

今、日本中の会社が資金繰りに困っている。僕が出資しているところでもそういう事例は起こっているし、倒産せざるを得なかったケースもある。そういう時は迷惑をかけない範囲で即行で撤退することも大事。

会社が倒産しても「死ぬ」ことはない

会社が倒産した場合、借金はだいたい代表保証で、代表が連帯責任を取ることになる。例えば僕が代表をやっていて、会社が銀行などからお金を借りている状態で倒産すると、借金は僕には残る。経営者にはそういうリスクがもちろんある。でも始める前から「会社をやるってリスクが大きいじゃないですか。借金して返せなかったらどうするんですか」と聞かれることがあるけど、それを怖がっていたら何もできない。

もちろん、借金は借金だから返さないといけない。ビジネスの借金は銀行からの借り入れがメインになると思うけど、担当の人とちゃんと話す。会社の負債を個人で返していくのは大変だけど、「じゃあ、個人資産をこうしましょう」とか、いろいろ解決策はある。

一度手に入れたものを手放すのはつらいかもしれないけど、それも結果だと受け止めることが大切だ。

自分の人生にとって最大のリスクが死ぬことだとしたら、死に追いやられるようなリスクなんてそうそうない。変なところからお金を借りたら「オトシマエつけろ」なんて言われて命が危ないこともあるかもしれないけど、今はそんな時代でもない。というか、そもそもそんなところから借りなければいいだけの話なんだよね。

別に死ぬわけじゃなければ何だってやればいい。バンバン借金すればいい。

経営者であっても、会社にしがみつかない

06 人生の転がり方
失敗しても、最悪死なない

僕にとって会社は子供みたいなもの

会社って、法人格というぐらいあって、一人の人間のような人格を持っている。会社を創業した時は、創業者の人格イコール法人格で、創業者と会社が同じ人格で歩き始める。でも、社員が増えたり、会社としてやるべきことが見えてきた時に、道が変わってくることがある。本当だったら会社の目指すべき道と創業者が一緒に歩いていけるといちばんいいんだけど、それが難しくなることもある。

昔、テレビの子供番組であった、色の違う粘土のマスコットがどんどん混じって色が変わっていくあのイメージで、社員が1人入るごとにどんどん会社の色が変わって

いく。紫くんが入ってきてちょっと濁ったりとか、黄色くんが入ってちょっと黄緑っぽくなったり。そんな感じで、会社ってどんどん大きくなりながら色も形もどんどん変わっていくので、どこかのタイミングで法人の人格と創業者の人格は分離し始めると思っている。

その時に自分を押し殺して会社に合わせて歩くもよし、そこでいったん見直して、「やっぱ、俺がやりたかったのは違ったな」と自分に会社を強制的に合わせるのも一つだし、別々の道を歩んでいくのも一つ。

僕は、回り始めたものを自分に無理矢理合わせるために動きを止めるのも嫌だし、スピードを落とすのも嫌だ。だからといって僕がそこで我慢して付き合っていくこともできない。だったら自分が作ったものとはいえ、寂しいけどどこかのタイミングで抜けたほうがいい。

その後、起業して自分の子供をまた作る。会社から抜けるというのは、子供が成長して独り立ちするイメージに近いかな。

会社もプロダクトもウェブサービスも、僕が作り出したものはみんな子供のような感覚。小さいうちは手をかけてかわいがるけど、ちょっと大きくなってくると、あとは「頑張れよ」ぐらいの感じになる。最終的に成人になったら「もうおまえに言うことはない」と。そしてまた子供を作る。

そうやって、会社を子供に見立てて独立させていく。その結果、会社をいっぱい持つことになった。僕にとってはすべて子供のように愛しい。

経営者も孤独で不安

会社は箱でしかないから、とりあえず作ってみて、育てる。何か小さいことでもいいからやってみて、それが動き出したら、またもう1個会社を作ってみる。そうやっていくつもの箱、というか顔を持つことで、自分で仕事を作りながら、さらに仕事を分散していくことができる。

まだペパボが福岡にあった頃、僕は大きな決断をして東京に会社を拡大させたわけだけど、当時社員のなかには拡大路線を反対する声もあった。もし僕がそういう声に無理に合わせていたら、今でも福岡でのんびりと雰囲気のいい会社を経営していたかもしれない。

僕も社長として、福岡でのんびり悠々自適な暮らしができていたかもしれない。でもそこに合わせることはしなかった。会社のことを本当に考えたら、見なくてはいけないのは会社の内じゃなくて外の世界だから。内にばっかり目を向けていたら視野が狭くなってつぶれてしまう。だから僕は決断をしたし、それは決して間違いじゃなかったと思っている。

次の分かれ道は、僕がペパボをやめた時だけど、それは僕個人にやりたいことができたから。ペパボにいながら飲食や他の事業を個人で続けることもできたかもしれないけど、会社の方向性と、僕個人の方向性は違っているのがわかっていたから、どちらにもよいように、離れることを決めた。


経営者だから、自分が抜けてでも会社のことを考える。会社として成長していけるタイミングであれば、成長させるべき。そうなると、どうしても僕と会社は違う道を歩み始めることになる。

つらいこともあった。社長や経営者って孤独とよく言うけど、本当にそのとおり。

社長が「不安だ」とか「やめたい」とか言ったら、社員は「どうしよう」って不安になるから、彼らの前では口が割けても絶対に言えない。顔に出すこともできない。そのかわり経営者の友達や会社と全然関係ない人に相談するようにしていた。

　あまり悩みを人に話すのはよくないと思われがちだけど、溜め込んでしまうより全然よいから、僕は早い段階で社外の人たちにさらけ出すようにしていた。そうすると周りも経営者だから、同じ目線で話ができて、そこから解決策につながることもあったし、絆も深まった。

　今でも困ったことはすぐに誰かに共有しているし、その時点でみんなに助けてもらう。さらけ出すことで、助けたいと思ってもらえるし、そこで仲間意識が生まれるものなのだ。もちろん友人が困っていたら即行で相談に乗る。

執着心は捨てる

やめる時はすぐやめる

僕が立ち上げたカフェの会社、パーティカンパニーは、店舗を一気に作り過ぎて資金がなくなり、社員をリストラしなければならなくなった。給与をちょっと待ってもらったりした時は、「ヤバい、僕の無計画さが裏目に出た……」と震えたものだ。

あの時は、5店舗作って3店舗買収して、合計8店舗まで拡大した。経営が危なくなって3店舗は買い戻してもらって、2店舗は閉店。最終的には3店舗しか残っていないけど、今は利益を出して頑張ってくれている。

僕みたいに何も考えずに、走りながら考えるタイプは、走りながら、右へ行く、左へ行く、撤退する、というのを常に考えなきゃいけない。ちょっとでも判断が遅れると、それが致命的になる。そこだけは鈍っちゃいけない。

撤退も選択肢の一つだと考えておくことも大切。前提ではないんだけど、撤退しやすい形にしておくとか、撤退しやすいビジネスモデルに整えておくことは、何も考えずにとりあえず始めるタイプの人間ほど必要かなと思う。

「明日からやめます」がすぐにできる組織じゃないと、何が起こるかわからない。「撤退します」と決めた時に「半年かかります」だともう遅い。その半年の間にずっと赤字が積み重なってしまう。新しいことをやりたい人ほど、リスクヘッジをしながらたくさんの事業を持つべき。

この発想は自分を切り売りして生きていくことにもつながる。複数の仕事を持っていれば、一つの仕事から降りることもそんなに難しくはない。これが会社に所属しているとなると、収入も仕事もすべて失うけど、自分主体で働いていれば取捨選択ははるかに自由だ。

だから、ビジネスは参入しやすく撤退しやすいものであるべき、というのが僕の考え方。会社なり、プロジェクトなりに執着しちゃうことがいちばんよくない。変なプライドとか変な執着心みたいなのは、本当に捨てて、やめる時はやめることだ。

計画より日々の判断

そして「現状を認識しろ」とは言うけど、「計画は立てるな」という感じ。長期の計画は無意味だと思っている。お金やビジネスの定義は時代や社会の状況によって変化するから。そのなかで計画を立てても無駄でしかない。

もちろん、長期で壮大な計画を立てて、着実にそこに向かって進んでいき、最終的に成し遂げるケースも山ほどあるし、そういった人は尊敬するけど、僕はそのタイプじゃない。それだけが正解じゃないよっていうことを僕は示したい。

時代ごとに局面を見て、最適な方向性や、自分の今興味があることに足を突っ込むっていう生き方をしてきて、それなりに生きてきた。今の時代は本当に状況がころころ変わるので、ガチガチに計画を練るよりも、走りながら考えていく生き方がいいと思う。その時々で判断して、フレキシブルに動く。一つの場所に根をおろして3年、

06 人生の転がり方
失敗しても、最悪死なない

というタイプよりも、ダメなら1日で判断して次、というほうが、今の時代にあってるんじゃないかな。

そのためには自分の周辺を身軽にしておく必要がある。物理的なところでは、持ちものを減らしておくこと。そして働き方としては、会社に依存していると動けないし、人から依存されていても動けないから、まずは依存から自立する。別に会社をやめなくてもいいから、在籍している状態でも、いつでも動けるスリムな状態でいたほうがいい。人脈も、ものも、住まいですらも。

いつ何があっても、どこにでも行けるっていう状況を作っておくのは、これからの時代、すごく重要かなと思っている。だから、いわゆる生命保険のプランのような、結婚したらテレビを買って、家を建てて、車を買って、学資ローンを組んで、というビジョンは、これからの時代あんまり流行らなくなるんじゃないかな。

金融不安もあるけれど、震災のように、いつ何時《なんどき》どういう自然災害が起こるかわからない世の中になっている。富士山も噴火するとかしないとか言ってるし、放射能問題だって解決していない。そう思ったら今の時代、身軽に体一つでいつでも逃げられる状態というのがパーフェクトだと思う。

ゼロになったら、また1にすればいい

やり直す機会はたくさん転がっている

僕の父親はただがむしゃらに働く典型的なパターンだった。『金持ち父さん　貧乏父さん』（ロバート・キヨサキ著／筑摩書房）で言うと、完全な貧乏父さん。膨らんだ借金は、自己破産することでなんとかなった。若い頃は自己破産と聞くと、世界の終わりみたいなイメージがあったけど、いざ身近な人がしてみると、なるほどこういうことかと勉強になった。

父親は今、借金から解放されて幸せそうだし、結果的にはよかったのかもしれない。借金苦で自殺を考えてしまう人がいたら、すぐにやめて専門家に相談するべきだ。自

06 人生の転がり方
失敗しても、最悪死なない

殺するくらいなら、自己破産してしまえばいい。自己破産しても、やり直す機会はたくさん転がっている。

自己破産を推奨しているわけじゃない。日本において失敗して殺されるっていうことはそうそうないので、追いつめられたとしても大丈夫だよと言いたい。

僕が自己破産してゼロになったとしても、またゼロから1にして、1を100にすればいいと思っている。だって、もともとゼロだから。いろいろやってきた結果、つながった人や応援してくれる人たちがいるので、いちばん初めのゼロよりも、全然楽なゼロだと思っている。もしツイッターで「自己破産して、お金がなくてヤバい。どっか雇って」とつぶやいたら、雇ってくれるところはわりとあると思う。別に就職しなくても「パトロン募集」でもいいし。

実際、この前「ビール代がないからビール代入れてください」って口座番号をツイッターに書いておいたら、知らない人たちからお金がどんどん振り込まれて、最終的に数時間で2万円近く入ったことがあった。「入れました」と報告してくる人もいれば、匿名で振り込む人もいて、この人たちどういうつもりでお金を振り込んでいるんだろう、と疑問が浮かぶ反面（笑）、おもしろい時代だなと思った。一つの実験としておもしろかった。入金してくれたみんな、ありがとう（笑）。

僕が22歳の時にいちばん初めに立ち上げた会社「マダメ企画」は、本当に自分一人でできることから始めた。もちろんそれなりの苦労はあったけど、金銭的な部分では自分ができる範囲のことから始めたから何も怖くなかった。

もともとゼロだったら、ゼロになるのは怖くない。

お金でも、評価でも、一度１００を作った人はそれを失うことが怖いと思うけど、それは本来ビジネスで使うための１００だから、なくなることを恐れてはいけない。

ゲームセンターのコインみたいなもので、「コインが貯まった！」と喜んでいても意味がない。そのコインを使って遊ぶのがおもしろいわけで、ゼロを恐れて勝負をしないなら何のためにここにいるの？　という話。

今でも僕はゼロになることが別に怖くない。そのぐらいに軽く考えておけばいいと思う。どうせ倒れるなら前のめりだ。

「個の時代」がやって来た

06 人生の転がり方
失敗しても、最悪死なない

江戸時代のフリーランス「雑業」

江戸の働き方には、町民のほぼ半分が「雑業」と呼ばれる仕事をして働いていたという。ほおずき売り、金魚売り、飛脚《ひきゃく》、タバコ屋など、多岐にわたる。

さまざまな種類があるため、よほどのことがない限り、仕事に困ることはなかったようだ。専門の仕事は職人たちが行っていたので、それ以外の細々とした仕事は潤沢《じゅんたく》にあった。江戸の町ではリサイクルがかなり発達していたというが、これも地域に密着した仕事が多かったからこそ。人からの紹介も多く、もし仕事に困ったら長屋の大家に相談すると、仕事を斡旋《あっせん》してくれることもあったという。

仕事のほとんどが日雇いで、日払いだったそうだけど、一つの仕事だけに縛られることもなく、食いっぱぐれることはそんなになかったようだ。さらに、働き方もおもしろくて、1日のうちに仕事にかける時間をそんなに費やさなかった。「朝飯前」という言葉があるけど、それは文字通り朝食の前にできるような簡単な仕事のこと。そういった簡単な仕事を朝のうちにこなして、昼に別の仕事をして、夕方には近所の仕事を手伝って、1日が終わる。そんなケースが少なくなかったようだ。

平和な江戸時代だから成立した話かもしれないし、さすがに現代で、毎日毎日、日雇いで仕事をするには無理があるしきついけど、複数の仕事を持つことは僕がいつも言っている話と変わらない。

一つの仕事に縛られてしまうと視野が狭くなるし、その仕事を失ってしまったら収入も途絶えてしまう。でもいろんな収入源を持っていれば、どこかが切れても別のところで補える。一つ一つが安くても、収入を複数束ねればいい話だよね。

フリーランスにならなくても、会社にいながら副業という方法もある。家に帰ったあとや週末を利用してプログラムを開発し、自分でウェブサービスを立ち上げた人を何人も知っている。会社側の理解も必要だけど、ウェブだったら最初は単なる趣味としてスタートできるし、自分の勉強にもなる。そうやって徐々に力をつけながら、ユーザー数が増えた段階で、会社化したり、あるいは会社にサービスとして引き取ってもらうのもアリだ。

自分を一つの会社として考えると、いくつも事業部を持って回していく感じ。どんなコミュニティに属していたとしても、これからは個人が主軸になる時代。そういう意識を持つことはとても大切だと思っている。

クラウドでストレスフリー

年功序列が崩壊した今、役職も給与も上がっていくのが見えない時代で、会社に所属するのはリスクばかりでリターンがない。一つの場所で結果が出せず、追い込まれてうつ病になる人も多い。自分で仕事を複数持って複数の場所を持てば、ストレスを感じない働き方ができる。一つがダメでも、別のところで頑張ればいい。

Liverty にはたくさんの人が出入りしているけど、ほとんどの人が別に仕事を持っていたり、学生だったりで、Liverty だけを活動拠点にしている人はいない。ソーシャルツールがいろいろあるから、わざわざオフィスに来る必要もない。チームごとでディスカッションして進めればいいだけ。自由に議論して、自由にプロジェクトを立ち上げて、たまに僕と会うと「家入さんちょっと見てください」という感じで、またその場でいろいろと展開していく。

職種によるかもしれないけど、思考やアイデアは全部クラウドに置いて、場所や物理的な制約に縛られない働き方をすると、家だってどこだって仕事ができるようになる。会社という場所に縛られなくていい。会社でも近年、フリーアドレスや自宅勤務などの業務形態を採用するところが増えているようだ。「必ず会社に来い」と言いながら、たいした仕事も与えられない大企業よりも、「自分でガンガン動け。その変わり結果を出せよ」と言われたほうが責任感も増すし、やる気も出る。

新しくスタートしたBASEというスマートECは、僕と鶴岡裕太くんの二人で創業した。鶴岡くんは2013年の春現在まだ学生で、休学中にBASEを立ち上げた。海外ではよくあることでも、日本ではまだまだ事例が少ない。彼はLivertyでコツコツと自分のサービスに打ち込み、起業した。学生だってやればできるし、作ろうと思えば時間は作れる。

06 人生の転がり方
失敗しても、最悪死なない

学生のうちは学生でいい、サラリーマンだからこの仕事だけでいい、という考えは捨てて、「自分は今何がしたいのか」に意識を集中して、足りない部分があればもう一つのチャンネルを探してみてほしい。

それでもお金は必要。

選択肢を狭めたくない

いくつか会社を経営して、山あり谷ありいろいろなことがあった。一時は資産も底を尽き、個人の貯金残高がゼロになったこともある。ここから這い上がるのか……と、新しく何か始めることが怖くなった時期もある。お金なんて……と何度も思った。

それでもやっぱりお金は欲しい。自分がやりたいことのために。

20代で会社を作ってから、社員にずっと言ってきたことだけど、結局、お金というのは車を動かすガソリンみたいなもの。ビジネスを回していくために、お金というガソリンは絶対に必要で、走るうちにさらに大きな動力が回り出して、どんどんお金が循環する。そういうふうにできているものだ。

たまにこんな人がいる。事業やビジネスを立ち上げる時に、理念とか社会貢献とか、理想論ばかりが先に立って「別に収支はどうでもいいんです」と言う人。僕はそういう話を聞くたびに、それは違うよと反論する。それじゃ車は走らないよって。

僕自身、いろんな事業を立ち上げたなかで、実際にそうやってお金が回っていくのをたくさん見てきた。お金だけじゃなくて人もそうだけど、初めに燃料を投下すれば、それによってより大きなエネルギーが生まれていく。

選択肢を狭めたくない。何かやりたいことがあった時に、お金がないという理由でできないのは本当に悔しい。選択肢がその時点で1個減るわけだから。僕は選択肢を常に用意しておきたい。そのためにもお金が欲しい。

お金のアテができたらすぐ新しいことを始めるから、お金はそっちに流れてしまうけど、そもそも貯めることや物欲に興味がないからね。自分のことでは、最悪、お金なんてなくてもいいやと思っているから、貪欲にお金を回していける。

僕にはそうやって、これからもたくさん事業を作り続けていきたいなという強い想いがある。もういいや、おしまい、って思うことはこれからもないんじゃないかな。お金があろうとなかろうと、何か作り続けないと気が済まないし、誰かと会っておもしろい化学反応が生まれるのを楽しみにしてる。ミュージシャンが音楽を作ってしまうように、芸術家が絵を描いてしまうように、僕はきっと、新しいビジネスを作ってしまうんだと思う。お金儲けが好きなわけじゃないから、何かを始める時のガソリン探しに苦労することもあるけど、それも一つの挑戦だと思っている。

かつてペパボにいた頃は社長として組織のトップにいたから、ビジネスに使える資金は会社に潤沢にあったけど、それは僕の個人資産ではなかった。でも、ペパボを離れてからは、事業を興す時のお金は基本的に僕の個人資産。そういう部分でも大きなリスクを負う立場だけど、新しいことを始めるんだからまったく問題ない。自分の資産が減ることは一時的なことだし、その先に見えることのほうがよっぽど楽しみだから。それに、お金を出し惜しんで選択肢を狭めてしまうことのほうがよっぽどつらい。

こんなふうにビジネスの面では貪欲な部分もあるけど、一方で個人の生活ではお金なんていらない、なるべくお金をかけたくないと思っていて、この二つのバランスが自分でもおもしろいなと思ってる。今、お金がないからそういうふうに思うのかもしれないけどね。でも、お金を使うことの楽しさは、断然ビジネスのほうが大きい。これは断言できる。個人で欲しいものを買ったってすぐに飽きてしまうけど、出資したり事業を立ち上げたりした場合は、まったく別の世界が手に入るから。もっともっと新しい景色を見るためにも、選択肢は狭めないようにしていきたい。

貧乏バンザイって何か違うよね

新聞のコラムに、「貧乏バンザイ！」という内容の記事があった。お金がなくても幸せになれますよね、っていう話で、僕もある程度賛成できる部分もあるけど、「バンザイ！」というのはちょっと違うよね。べつに貧乏を推奨したくはない。僕はかつて貧乏な暮らしを経験してるから、あの頃に戻りたいかって言われたら絶対に戻りたくない。軽く「貧乏バンザイ！」って言われちゃうと、「その貧乏、ほんとうに貧乏ですか？」って言いたくなる。「シロアリが壁を食べてスカスカで、寒くて寒くて、家族5人で一つの部屋で寝る生活、したことあるんですか？」って。

僕のなかで幼少期のあの生活はコンプレックスでもあり、強い原動力の一つにもなってる。

カフェを始めてお金があった当時、飲みに行ってポンポンお金を使うと、周りが僕のことを「金持ち」として見てくれるのが気持ちよかった。お金のなかった小さい頃の僕が、満たされるような気がした。友人をたくさん呼んで支払いは全部僕が出す。知らない人の分まで払った。もう、ただ「金持ち」の優越感に浸りたいためにやっていた。

思い返せばあの頃、僕の周りにはたくさんの人が集まっていた。よく、宝くじに当たると親戚が増えるという、あれに似ていたかもしれない。いやな言い方をすると、「近寄って」来ていたのかもね。僕は鈍感だから、そんなのまったく気づかずに楽しく飲んでいただけだけど、持ち上げられたり、持てはやされたり、そういうことがたくさんあった。

そしてお金がなくなると、一部の人はさーっといなくなった。あぁこうやって、お金に寄ってきた人って、簡単に離れるんだなと（笑）。もちろん、今でも変わらずに付き合ってくれてる人もいるし、そんなのどうでもいいんだけど。去る者は追わない主義なので。

もしも今、お金があったら、あの時みたいに飲むだろうかって聞かれると、多分、もうああいうかっこ悪いことはしないんじゃないかと思ってる。

幼少期のコンプレックスと、大人になってから大金を得て失った経験、このハイブリッドで今の僕ができている。お金がすべてじゃないっていうことにも気づいたし、お金の大切さもわかってきた。

ハイブリッドって表現したように、コンプレックスは今も消えていない。だから今でも「思いついた時に、ポンとハワイ行きたいな」とか、そういう気持ちになることだってある。僕は、「贅沢は敵だ」と言うわけじゃないから。昔と違うのは、それだけにならないってこと。僕が何をすべきなのか、いろいろとはっきりしてきたからね。

Liverty も、僕がやらなければいけないと思って立ち上げたわけだし、今構想中の学校だってそう。結局立ち止まっていられない性格だから、やりたいことへの渇望は昔も今も変わらない。

そして、そのベクトルが、事業を作る、仕事を作る、その方向にがちっとハマったのは、自分の経験を通して築いたものだと思ってるから、結果よかったかなと。

何か失敗してボロボロになった時に、田舎に帰ろうとか、安全な収入だけで手堅くやっていこうとか、そこで終わる人もいるけれど、僕はずっと新しいことを探し続けたい。

やめるのはいつでもできるから、それまで粘る。そして、倒れるときは前のめりで。

それが、お金を通じて僕が学んだこと。

家入一真

最後に、このような書籍の機会をくださった大和書房の長谷川恵子さん、原稿を手伝ってくれた飯田ネオさん、そして、不器用ながらも一生懸命僕を育ててくれた父親と母親に感謝をこめて。

２０１３年　２月

家入一真の活動

モノづくり集団 Liverty
http://liverty.jp/

クラウドファンディング CAMPFIRE
http://hiinc.jp/

カフェ運営企業 Partycompany Inc.
http://partycompany.co.jp/

ベンチャー投資起業 Partyfactory Inc.
http://partyfactory.jp/

家入一真（いえいりかずま）

1978年、福岡県生まれ。

起業家、投資家、クリエーター。

リアルやネットを問わず、カフェやウェブサービスなど遊び場を作る。

ジャスダック最年少上場社長。

40社程のベンチャー投資も。

高校中退、ひきこもりから、22歳で paperboy & co. の前身となるマダメ企画を起業。

レンタルサーバー「ロリポップ！」のサービスを成功させ、
29歳で史上最年少ジャスダック上場を果たす。

１年後に社長退任。株売却で得た十数億円は新事業、プロジェクトでたった２年で底を尽いた。

そんな中から次世代ビジネスモデルの Liverty、CAMPFIRE などを生み出している。
・モノづくり集団 Liverty 代表
・クラウドファンディング CAMPFIRE 運営企業ハイパーインターネッツ代表取締役
・カフェ運営企業 partycompany Inc. 代表取締役社長
・ベンチャー投資企業 partyfactory Inc. 代表取締役
・ジャスダック上場企業 paperboy & co. 創業者
著書に『もっと自由に働きたい』（ディスカヴァー・トゥエンティワン）、『新装版　こんな僕でも社長になれた』（イースト・プレス）がある。
Twitter　@hbkr
Facebook　facebook.com/ieiri

お金《かね》が教《おし》えてくれること
マイクロ起業《きぎょう》で自由《じゆう》に生《い》きる

2013年2月25日　第1刷発行
2013年4月10日　第4刷発行

著　者　家入一真《いえいりかずま》
発行者　佐藤　靖
発行所　大和《だいわ》書房
東京都文京区関口1-33-4
電話 03-3203-4511

ブックデザイン　加藤賢策＋吉田朋史（東京ピストル）
校正　メイ
カバー印刷所　歩プロセス
本文印刷所　厚徳社
製本所　ナショナル製本

ISBN978-4-479-79371-7

http://www.daiwashobo.co.jp